TOUR DU MONDE

OU

PREMIÈRES ÉTUDES GÉOGRAPHIQUES

PAR VOYAGES

PRÉCÉDÉ DE NOTIONS PRÉLIMINAIRES ET D'ÉLÉMENTS
DE GÉOGRAPHIE ANCIENNE POUR SERVIR
AUX ÉTUDES HISTORIQUES

PAR D. LÉVI ALVARÈS PÈRE

Chevalier de la Légion d'honneur.
Professeur d'Histoire et de Littérature, Membre de l'Académie de Bordeaux,
de l'Institut historique, de la Société grammaticale,
Fondateur des Cours d'éducation maternelle.

NOUVELLE ÉDITION
REVUE ET CORRIGÉE

PARIS
CH. BORRANI, LIBRAIRE-ÉDITEUR
RUE DES SAINTS-PÈRES, 9

1876

TOUR DU MONDE

OU

PREMIÈRES ÉTUDES GÉOGRAPHIQUES

PAR VOYAGES

TOUR DU MONDE

OU

PREMIÈRES ÉTUDES GÉOGRAPHIQUES

PAR VOYAGES

Précédé de Notions préliminaires et d'Éléments de Géographie ancienne, pour servir aux études historiques

PAR

D. LÉVI ALVARÈS Père,

Chevalier de la Légion-d'Honneur
Professeur d'Histoire et de Littérature, Membre de l'Académie de Bordeaux
de l'Institut historique, de la Société grammaticale
Fondateur des Cours d'éducation maternelle

NOUVELLE ÉDITION
REVUE ET CORRIGÉE

PARIS
CH. BORRANI, LIBRAIRE-ÉDITEUR
RUE DES SAINTS-PÈRES, 9

1876

AVERTISSEMENT

DE LA NOUVELLE ÉDITION

Le Tour du Monde, dont nous donnons aujourd'hui une nouvelle édition, est un des livres classiques les plus estimés et les plus répandus. La réputation dont il jouit est déjà ancienne, puisque la première publication de cet ouvrage remonte à quelque quarante ans. Au moment de son apparition, l'étude de la géographie était à peu près nulle en France. On se trouvait réduit dans les établissements d'instruction à des abrégés insignifiants, à de sèches nomenclatures géographiques, que les enfants apprenaient par cœur, avec ennui, sans même ouvrir un atlas. Le *Tour du Monde* devait nécessairement recevoir des maîtres et des élèves un favorable accueil. Il donnait, en effet, à l'enseignement de la géographie ce qui lui avait manqué jusqu'alors : le mouvement et l'attrait. Au lieu de laisser l'élève froid et indifférent devant des mots dont il était contraint de surcharger sa mémoire, M. Lévi Alvarès, dans son nouveau petit livre, l'entraînait, sur la *carte*, dans des *voyages* supposés, à travers les océans et les terres. Tout s'animait sous les *yeux* et sous le *doigt* de l'enfant, qui touchait, pour ainsi dire, les pays avec leur aspect général, leurs productions, leur climat, et les villes, avec leur situation, leur commerce, leurs monuments, leurs souvenirs historiques. Il devenait lui-même *acteur* dans la leçon qui avait perdu désormais son aridité et sa monotonie. On comprend toute l'influence que le *Tour du Monde* dut exercer sur les progrès des études géographiques. Aujourd'hui encore, au milieu de tant d'ouvrages publiés, il conserve une place à part, une originalité qui le recommande tout particulièrement aux professeurs et aux jeunes étudiants.

Cette nouvelle édition a été revue, corrigée et mise au courant des changements politiques, des nouvelles découvertes et des statistiques les plus récentes, par les soins de M. Aug. Dufresne, à qui la science géographique doit déjà de nombreux et utiles travaux. Pour donner au *Tour du Monde* son complément naturel, nous le faisons suivre, avec la collaboration de M. Aug. Dufresne, d'un Tour de France, actuellement sous presse. Tout en conservant la forme attrayante qui a fait le succès du *Tour du Monde*, nous avons tenu à offrir, en même temps, un tableau complet et animé de la France, où sont résumées les notions nécessaires à la connaissance exacte de notre pays.

THÉODORE LÉVI ALVARÈS,
Directeur des Cours d'Éducation maternelle.

Mars 1876.

TOUR DU MONDE

OU

PREMIÈRES ÉTUDES GÉOGRAPHIQUES PAR VOYAGES

NOTIONS PRÉLIMINAIRES

LE MONDE SOLAIRE

Le *monde* est l'ensemble harmonieux des corps qui se meuvent dans l'espace. Ce mot vient du latin *mundus* qui signifie ce qui est ordonné, disposé. — Le mot monde s'emploie aussi quelquefois pour indiquer seulement la terre.

La *terre* est le corps ou le *monde* que nous habitons. Elle a la forme à peu près ronde. – On peut donc faire le tour de la terre ou le TOUR DU MONDE.

La terre n'est pas lumineuse par elle-même; c'est le *soleil* qui lui donne sa lumière et sa chaleur. Le soleil est une *étoile*, c'est-à-dire un astre lumineux par lui-même.

Il y a dans l'espace un nombre infini d'étoiles qui sont à des distances considérables de la terre. Le soleil, qui est l'étoile la plus rapprochée, est à 152 millions de kilomètres de nous.

Autour du soleil se meuvent des corps qu'on nomme *planètes*, c'est-à-dire corps *voyageurs*, et auxquels il donne la lumière et la chaleur. Parmi eux se trouve la terre; la terre est donc une planète.

Il y a *cent dix-sept* planètes connues jusqu'aujourd'hui. Les plus grosses sont au nombre de *huit : Mercure, Vénus*, la *Terre, Mars, Jupiter, Saturne, Uranus, Neptune.* Cette dernière, la plus éloignée, est à 4 milliards de kilomètres du soleil. — Les autres planètes, au nombre de cent neuf, sont plus petites et appelées *télescopiques*, parce qu'on ne peut les voir qu'à l'aide du télescope.

Quelques-unes des planètes que nous venons de nommer entraînent autour d'elles d'autres petites planètes qu'on nomme *satellites.* Jupiter en a quatre ; Saturne, huit ; Uranus, huit; Neptune, un ; la terre, un, qu'on nomme la *lune.* — Il y a donc vingt-deux satellites.

La lune, en tournant autour de la terre dans l'espace d'environ un mois, et en recevant comme la terre la lumière du soleil, se présente à nous sous différents aspects : c'est ce qu'on appelle *phases.* On compte quatre principales phases : 1° le *premier quartier*; 2° le second quartier, ou *pleine lune;* 3° le troisième ou *dernier quartier* ; 4° *la nouvelle lune.*

On remarque encore d'autres petits corps planétaires, qu'on nomme *étoiles filantes* et *aérolithes.*

Il faut remarquer, parmi les astres en mouvement autour du soleil, des corps qui se distinguent de ceux que nous venons de voir; ils sont accompagnés d'une masse lumineuse qui ressemble à une *chevelure* de feu, et qu'on nomme pour cela *comètes* ou astres *chevelus.*

Ils laissent derrière eux une trainée brillante qu'on nomme *queue*.

Tous ces corps : *planètes, satellites, étoiles filantes, aérolithes*, *comètes*, qui se meuvent ou gravissent autour du soleil, composent ce qu'on appelle le *système solaire* ou *monde solaire*. On peut penser que chaque étoile est aussi le centre ou le foyer d'un système. Notre monde solaire ne serait donc qu'un des *petits mondes* de l'immense univers.

LA TERRE

La terre a la forme sphérique. Elle a, comme toutes les planètes, un mouvement sur elle-même ou de *rotation*, et un autre autour du soleil ou de *révolution*.

Elle fait son mouvement de rotation en 24 heures. Son mouvement de révolution s'accomplit en 365 jours 6 heures moins 9 minutes. Ces 6 heures qu'on néglige forment 24 heures ou un jour au bout de 4 ans. On a tous les 4 ans une année bissextile de 366 jours.

Pour mieux comprendre ces mouvements et la situation de notre globe par rapport au soleil, on a tracé sur la sphère terrestre des *lignes* et des *cercles* imaginaires.

D'abord *l'axe*, ligne qui passe par le centre de la terre, et sur lequel elle semble exécuter son mouvement de rotation comme sur un essieu; les points extrêmes de cet axe s'appellent *pôles*.

Puis un grand cercle appelé *équateur* ou *ligne équinoxiale*, qui partage la terre en deux parties égales ou *hémisphères* (du nord et du sud).

On a tracé des cercles parallèles à l'équateur, qui ont leur centre sur l'axe de la terre et qui sont par conséquent perpendiculaires à cet axe; on les appelle *parallèles*. On distingue quatre principaux parallèles :

1° Le *tropique du Cancer*, au nord de l'équateur.

2° Le *tropique du Capricorne*, au sud de l'équateur.

3° Le *cercle polaire boréal* du nord ou *arctique*.

4° Le *cercle polaire austral* du sud ou *antarctique*.

Ces quatre cercles limitent de grandes régions dont les températures sont différentes, et qu'on nomme *zones*. Il y a cinq zones :

1° La *zone torride*, entre le tropique du Cancer et le tropique du Capricorne. L'équateur coupe cette zone en deux parties.

2° La *zone glaciale du nord*, entre le cercle polaire du nord et le pôle nord.

3° La *zone glaciale du sud*, entre le cercle polaire du sud et le pôle sud.

4° La *zone tempérée du nord*, entre le cercle polaire du nord et le tropique du Cancer.

5° La *zone tempérée du sud*, entre le cercle polaire du sud et le tropique du Capricorne.

Les *méridiens* sont des grands cercles dirigés du nord au sud, et qui, par conséquent, sont perpendiculaires à l'équateur. — Ils passent par les lieux qui ont *midi* en même temps.

Pour avoir la dimension de la terre, on la mesure au moyen de *degrés :* 1° du nord au sud, ce qui donne sa *largeur* ou *latitude* ; et en prenant pour point de départ l'équateur, on a la *latitude nord* et la *latitude sud ;* 2° de l'est à l'ouest, ce qui donne sa *longueur* ou *longitude ;* et en prenant pour point de départ un méridien déterminé (par exemple celui de Paris), on a la *longitude est* et la *longitude ouest*.

Quand on veut déterminer la *situation* d'un lieu, on dit qu'il est à tant de *degrés* de latitude nord ou de latitude sud, et à tant de degrés de longitude est ou de longitude ouest.

Les *cartes* sont des dessins qui représentent ou la terre entière ou quelques-unes de ses parties. — On nomme *mappemonde* la carte qui représente le globe terrestre ; elle montre la terre divisée en deux hémisphères. — Le *planisphère* représente la terre sans tenir compte de sa rondeur.

Les quatre *points cardinaux* : le *nord* ou *septentrion*, le *sud* ou *midi*, l'*est* ou *levant*, l'*ouest* ou *couchant*, qui servent à désigner la position respective des lieux, sont indiqués sur les cartes de cette manière : Le nord est en haut de la carte, le sud en bas, l'est à droite, l'ouest à gauche.

Objet de la Géographie. — Dénominations.

La *géographie* est la science qui a pour objet la description de la terre. Elle comprend la géographie *physique* et la géographie *politique*.

La géographie physique s'occupe des accidents naturels du globe : du relief, de la nature, des productions du sol, des eaux. — Elle comprend l'*orographie* ou étude des montagnes, et l'*hydrographie* ou étude des eaux.

La géographie politique s'occupe des Etats, de leurs divisions, de leur population, de leurs villes, etc.

La terre comprend deux parties bien distinctes : la partie liquide ou l'*eau*, et la partie solide ou la *terre* proprement dite.

La partie liquide forme les deux tiers de toute la surface de la terre ; elle se divise en *Océan* et en *cours d'eau*.

L'Océan se subdivise en mers, les mers en golfes, baies, anses, lacs, étangs, etc.

Les cours d'eau se subdivisent en fleuves, rivières, ruisseaux, torrents, cascades, sauts, etc.

La partie solide forme le tiers du globe ; elle se divise en continents et en îles.

Nos voyages feront connaître méthodiquement les mers, les golfes, les baies du globe ; ainsi que tous les *accidents* de la terre, tels que les montagnes, les volcans, les îles, les presqu'îles, etc.

Nous donnerons les principaux termes de géographie avec leurs définitions, en comparant la partie liquide à la partie solide, suivant la méthode que nous employons en histoire ; ce sont les analogies et les contrastes qui frappent l'esprit des enfants et gravent pour toujours *les faits* dans la mémoire.

L'*Océan*, vaste étendue d'eau au milieu des terres, peut se comparer au *continent*, vaste étendue de terres au milieu des eaux. La partie liquide est trois fois plus grande que la partie solide, et menace à chaque instant de l'envahir.

On appelle *mers* les parties de l'Océan qui entrent dans les terres et qui forment des *golfes*, des *baies*, etc., comme on nomme *presqu'île* ou *péninsule* une portion de continent qui entre dans les eaux, et forme des *caps* ou *promontoires,* des *pointes,* etc.

Les *lacs* sont des amas d'eau placés au milieu des terres.

Le *détroit,* appelé aussi manche, canal, pertuis, phare, selon qu'il est plus ou moins grand, est une partie de mer resserrée entre les terres, comme l'*isthme* est une partie de terre resserrée entre les eaux.

Le *fleuve* est un grand cours d'eau prenant sa *source* ordinairement au pied des montagnes, navigable dans la plus grande partie de son *lit* ou canal, et ayant son *embouchure* dans la mer ; sa rive droite est la droite de celui qui *suit* son cours. La *rivière* est un cours d'eau moins étendu qu'un fleuve, se jetant ou dans la mer ou dans un fleuve ; le *ruisseau,* très-petit cours d'eau resserré et paisible ; le *torrent,* cours d'eau qui se précipite avec bruit. Ces cours d'eau, plus ou moins grands, peuvent se comparer à la *montagne,* grande masse de terre, à la cime de laquelle se forment des *glaciers* ; la *colline,* masse de terre plus ou moins grande ; le *coteau* ou la *côte,* penchant d'une colline ; le *rocher,* élévation granitique ou formée de couches calcaires.

Il serait bien de faire comparer aux enfants le globe terrestre au corps humain, en commençant par la grande division des vertébrés et des invertébrés, terres et eaux, etc.

LECTURE. — Manuel de la méthode. — Etudes géographiques.

GRANDES DIVISIONS DU GLOBE.

L'Océan se divise en : *océan Glacial du Nord; océan Glacial du Sud; océan Atlantique ; océan Pacifique* ou *grand Océan,* qui comprend l'océan Indien.

La terre proprement dite ou partie solide se divise en : 1° *monde Ancien* ; 2° *monde Nouveau* ; 3° *monde Maritime.*

On compte trois continents : 1° le *continent Ancien* qui comprend l'Europe, l'Asie, l'Afrique ; 2° Le *continent Nouveau* qui comprend l'Amérique du Nord et l'Amérique du Sud ; 3° Le *continent Austral* ou Nouvelle-Hollande, qui fait partie du monde maritime.

NOMENCLATURE DE LA GÉOGRAPHIE PHYSIQUE

V. les *Premières Leçons de Géographie* de M. Théodore Lévi Alvarès fils.

TRAVAIL

TABLEAU SYNOPTIQUE DE LA GÉOGRAPHIE PHYSIQUE

HYDROGRAPHIE				OROGRAPHIE			
Océan.	Golfes.	Détroits.	Lacs.	Montagnes	Iles.	Presqu'îles	Caps.

GÉOGRAPHIE ANCIENNE

GÉOGRAPHIE PRIMITIVE

La demeure de nos premiers parents fut d'abord le *Paradis terrestre*, connu sous le nom d'Éden, que les uns placent près des sources de l'Euphrate, en Arménie, les autres dans le pays où fut depuis bâtie Babylone. Après le déluge (3308), Noé paraît s'être fixé en Arménie avec ses trois fils, *Sem*, *Cham*, *Japhet*, dont les descendants peuplèrent le monde.

La race de Cham peupla l'Arabie, l'Egypte, l'Éthiopie et d'autres contrées de l'Afrique.

La race de Sem resta en possession de l'Asie occidentale et de la haute Asie.

La race de Japhet peupla l'Europe.

GÉOGRAPHIE ANCIENNE

I

COUP-D'ŒIL GÉNÉRAL

VOYAGE DANS LES CONTRÉES DE L'ANCIEN MONDE

Les anciens ne connaissaient pas toutes les parties du monde. L'*Europe*, l'*Asie*, l'*Afrique*, sont les seules qu'ils aient habitées ; et encore n'avaient-ils sur la plupart de ces contrées que des notions très-imparfaites : plusieurs leur étaient même totalement inconnues.

L'Amérique ne fut découverte qu'à la fin du quinzième siècle, par le Gênois Christophe Colomb (1492), et la Nouvelle-Hollande, la plus grande île du monde maritime, dans le milieu du dix-septième siècle, par le Hollandais Tasman (1642).

En *Europe*, ils ne connaissaient que le sud et l'occident;

En *Asie*, que le sud et les contrées occidentales jusqu'à l'Inde;

En *Afrique*, que les contrées septentrionales.

Nous allons parcourir les principaux pays du monde ancien, en conservant dans notre voyage les divisions septentrionales, centrales, méridionales.

Nous commençons notre voyage par l'Europe.

Nous traversons successivement, au *nord*, la Sarmatie (Russie), la Chersonèse cimbrique (le Jutland), les îles Britanniques, c'est-à-dire l'Hibernie ou Erin (Irlande), et la Bretagne ou Albion, divisée en deux parties: le pays des Pictes (peuples peints) ou Calédoniens, et la Bretagne romaine ;

Au *centre*, les Gaules (France), la Rhétie et la Vindélicie (est de la Suisse), la Germanie propre (Allemagne, Tyrol, Bavière), la Germanie méridionale : Norique (Bavière, Autriche), Pannonie (Autriche et Hongrie), Mœsie (Servie et Bulgarie) ;

Au *sud*, la Grèce en général, la Thrace, la Macédoine, l'Épire, la Thessalie (aujourd'hui Turquie d'Europe), la Grèce propre, le Péloponèse (la Grèce), l'Italie ou Saturnie et Ausonie (aujourd'hui Italie), l'Ibérie ou Hispanie (Espagne).

Nous passons dans l'Afrique (appelée en général Libye). Nous traversons les colonnes d'Hercule (détroit de Gibraltar), nous arrivons dans la Mauritanie (aujourd'hui empire du Maroc), et nous voyons successivement la Numidie (Algérie), l'Afrique propre ou pays de Carthage (régence de Tunis), la Cyrénaïque, la Marmarique (Tripoli), l'Egypte, au sud de laquelle nous laissons l'Ethiopie (Abyssinie et Nubie).

Nous passons l'isthme de Suez, et nous arrivons en *Asie*.

Nous parcourons, à l'*occident*, l'Arabie, la Palestine, la Phénicie, la Syrie, la Mésopotamie, l'Arménie, la Colchide, l'Asie Mineure (Turquie d'Asie) ;

Au *nord*, la Scythie propre, la Scythie asiatique (Sibérie), la Sogdiane et la Bactriane (Tartarie indépendante);

Au *centre*, l'Arachosie (Caboul), la Drangiane

(Sigistan), l'Arie (le Khorassan), l'Hyrcanie (le Mazendéran, royaume de Perse), la Gédrosie (le Mékhran, Béloutchistan), la Caramanie (Kerman, royaume de Perse), la Perse propre ou *Perside* (Farsistan), la Susiane (Khouzistan), la Médie (Irac-Adjémi, Perse), la Babylonie ou Chaldée (Irac-Arabi, Turquie d'Asie), l'Assyrie (Kourdistan, Turquie d'Asie et Perse) ;

A l'*est*, le pays des Sines (Siam et la Chine) ; au *sud*, l'Inde (Hindoustan).

II

DÉVELOPPEMENTS

OBSERVATION

Après avoir parcouru les grandes contrées de l'*ancien monde*, nous allons les étudier dans leurs divisions principales ; et afin que les élèves retirent plus de fruit de ce travail, nous prendrons successivement les pays dont nous voyons l'histoire d'après notre méthode. *Gradation suivie* : la Judée (histoire sainte) ; l'Afrique et l'Asie anciennes (Egyptiens, Assyriens, Phéniciens, Lydiens, Perses, etc.) ; la Grèce (les Thraces, les Lacédémoniens, les Epirotes, les Grecs) ; l'Italie (histoire romaine : monarchie, république, empire) ; la Gaule (histoire ancienne de la France).

I. — PALESTINE

POUR SERVIR A L'ÉTUDE DE L'HISTOIRE SAINTE.

La *Palestine* est située au nord-est de l'Asie ; elle avait au nord le mont Liban et la Phénicie ; à l'ouest, la Méditerranée, à l'est, les monts Hermon et Galaad ; au sud, les sables de l'Arabie.

Elle avait 50 lieues de long, et environ 30 de large.

Elle est arrosée par le *Jourdain*, qui la traverse du nord au sud. Cette rivière, dont le cours est d'environ 50 lieues, a sa source au mont *Liban*, passe par le lac de *Tibériade* ou *Génézareth*, et va se jeter dans la mer Morte, appelée aussi lac *Asphaltite* ou bitumineux. Elle fut appelée *Terre de Chanaan* et *Terre promise* dans les livres saints; *Judée*, à cause de la tribu de Juda, la plus considérable de toutes ; *Terre sainte* enfin, depuis Constantin (quatrième siècle) jusqu'à nos jours, parce que les grands événements de l'histoire sacrée s'y sont accomplis.

Avant l'invasion des Israélites, elle était habitée par les *Héthéens*, qui demeuraient vers le midi, aux environs de Kiriath-Arba ou Hébron ;

Les *Jébuséens*, voisins des Héthéens ; leur ville était Jébus-Salaïm, depuis *Jérusalem*.

Les *Amorrhéens*, à l'orient du Jourdain ;

Les *Phéréséens*, qui étaient au centre du pays, près de *Sichem* ;

Les *Chananéens*, qui donnèrent leur nom au pays, et qui habitaient entre le lac de Tibériade et la Méditerranée ;

Les *Gergéséens*, à l'orient du lac de Tibériade, et dont la ville était *Gergesa*.

Les *Hévéens*, habitant au nord des monts Liban et Hermon.

Les *Philistins*, au sud-ouest des précédents, célèbres par leurs guerres avec les Israélites.

Après la conquête de *Josué* (1605), la Judée fut divisée en douze tribus ; deux et demie au delà du Jourdain, neuf et demie en deçà :

Juda, Benjamin, formant, après la mort de Salomon, le royaume de *Juda ;* Ephraïm, Siméon, Dan, Manassé (demi tribu en deçà, demi tribu au delà), Issachar, Zabulon, Aser, Nephtalie ; et les deux tribus au delà du Jourdain, Gad et Ruben.

A l'ouest des tribus de Siméon et de Dan s'étendait, le long de la mer, le pays des *Philistins.*

La tribu de Lévi était consacrée au service des autels ; elle n'avait aucun terrain qui lui fût particulier. Moïse l'avait répartie dans les autres tribus, où elle occupait 48 villes, dont 13 étaient seulement pour les prêtres ; parmi ces 13, il y en avait 7 de refuge.

Après avoir été gouvernés par des *anciens* et des *juges* pendant environ 500 ans, les Israélites eurent des rois, dont Saül fut le premier. *David,* qui lui succéda, agrandit le royaume, et étendit sa domination depuis la Méditerranée jusqu'à l'Euphrate. Son fils et son successeur, Salomon (1001), qui affermit l'empire, embellit Jérusalem, fonda *Tadmor* ou *Palmyre,* se fit céder le port d'Élana sur la mer Rouge, bâtit le fameux temple de Jérusalem, et fit fleurir partout le commerce et les arts.

En 962, la monarchie fut divisée : les tribus de Benjamin et de Juda restèrent seules fidèles à Roboam, fils de Salomon et roi de *Juda* ; les dix autres tribus formèrent le royaume d'*Israël.* — Ce dernier royaume fut détruit en 718 par Salmanasar, roi d'Assyrie. Celui de Juda fut renversé par Nabuchodonosor le Grand, vers 606, et les Juifs restèrent en servitude pendant 70 ans. Après cette longue captivité, un édit de Cyrus (536) leur permit de retourner en Judée et de reconstruire le temple.

Un nouveau *royaume de Judée* s'éleva dans le deuxième siècle avant J.-C., sous l'influence des Romains, qui détruisirent Jérusalem, l'an 70 de l'ère chrétienne, sous le règne de Vespasien.

ÉTAT GÉOGRAPHIQUE DE LA PALESTINE

Après la Captivité et au commencement de l'ère chrétienne

1. DIVISION DE LA PALESTINE APRÈS LA CAPTIVITÉ. Au retour de la captivité, l'ancienne division ne fut pas reproduite. Aux treize cantons, formés par les douze tribus, on substitua quatre provinces appelées *tétrarchies* (de là l'expression de *tétrarques*, pour en désigner les gouverneurs) : la *Galilée* au nord, la *Samarie* au centre, la *Judée* au sud de la Samarie et à l'ouest du Jourdain, et la *Pérée* à l'orient de ce fleuve. Cette nouvelle division fut maintenue pendant tout le règne des Machabées, et on la trouve en usage dans le *Nouveau Testament*.

2. LA GALILÉE était très-fertile et très-peuplée. Josèphe y compte deux cent quatre villes ou bourgades, dont la moindre avait quinze cents habitants ; Jésus y passa la plus grande partie de sa vie. Les villes importantes étaient : *Dan, Capharnaüm, Bethsaïde, Tibériade, Cana* et *Nazareth*. L'Evangile parle de chacune de ces villes, que Jésus-Christ illustra par sa prédication et ses exemples.

3. LA SAMARIE, qui se trouvait entre la Judée et la Galilée, renfermait les monts d'Ephraïm, dont les flancs étaient couverts d'une riche végétation. On y distinguait *Jezraël*, près de Béthulie ; *Samarie*, capitale, détruite par les Assyriens ; *Sichem*, siége principal du culte samaritain ; *Béthel*, célèbre par le veau d'or de Jéroboam.

4. LA JUDÉE, entre la Samarie et l'Arabie Pétrée,

était beaucoup moins riche que ces premières provinces. *Jéricho, Rama, Maspha, Emmaüs, Joppé, Azoth, Ascalon* et *Gaza* étaient ses villes principales; *Jérusalem* en était la capitale.

5. LA PÉRÉE, à l'est du Jourdain, fut partagée en cinq cantons, du nord au sud. Ces cinq cantons étaient la *Trachonitide,* qui renfermait aussi l'*Iturée,* la *Gaulonitide*, l'*Auranitide,* la *Batanée* et la *Pérée* proprement dite. La Trachonitide et l'Iturée étaient au nord, la Gaulonitide à l'ouest, l'Auranitide au centre, la Batanée à l'est, et la Pérée au midi.

6. Sous Auguste, il y eut quelques changements : la Palestine fut divisée en trois gouvernements ou *ethnarchies*. On leur donna le nom de première, seconde et troisième Palestine. La première comprenait la Judée et la Samarie, la seconde la Galilée, et la troisième la Pérée. Après avoir eu pour chefs des rois ou tétrarques, les Juifs n'eurent que des procurateurs ou gouverneurs, sous lesquels ils perdirent toute liberté.

En 44, sous Vespasien, la Palestine forma une province indépendante de la Syrie. — Au quatrième siècle elle fut divisée en quatre provinces, dépendant du diocèse, de la préfecture et de l'empire d'Orient :

1. PALESTINE 1re, chef-lieu *Césarée*, comprenant la Samarie, la Judée propre, et la Pentapole.

2. PALESTINE 2e, chef-lieu *Scythopolis,* comprenant la Galilée, la Gaulonitide et la Décapole ;

3. PALESTINE 3e OU SALUTAIRE, chef-lieu *Pétra,* comprenant l'Idumée et l'Arabie Pétrée;

4. L'ARABIE, chef-lieu *Bostra*, comprenant la Moabitide, l'Ammonitide, la Pérée et la Batanée. — L'Abilène, la Trochonitide et l'Iturée avaient été réunies

à la province appelée Phénicie du Liban ; et la côte septentrionale de la Palestine, y compris Ptolémaïs (Acco), à la Palestine maritime.

SOUS LES ARABES.

Conquise par les Arabes, la Palestine, à l'ouest du Jourdain, forma, à la suite de la première croisade, le royaume de Jérusalem, qui fut divisé en cinq grandes principautés féodales :

1. *Les domaines propres du roi :* — les villes et les distrcts de Jérusalem, Naplouse, Acre et Tyr;
2. *La première grande baronnie :* — les comtés de Jaffa et d'Ascalon, les seigneuries de Rama, de Mirabel et d'Ybelin ;
3. *La deuxième grande baronnie :* — la principauté de Galilée ;
4. *La troisième grande baronnie :* — les seigneuries de Sidon, de Césarée et de Bethsan.
5. *La quatrième grande baronnie :* — les seigneuries de Krak (Pétra), de Hébron et de Montréal.

SOUS LES TURCS.

La Palestine, reconquise par Saladin en 1187, appartint aux soudans d'Egypte jusqu'à Sélim Ier, qui la réunit à l'empire ottoman.

Aujourd'hui elle fait partie du pachalik de Damas, l'un des cinq gouvernements de la Syrie.

FLEUVES ET MONTAGNES.

Le seul fleuve un peu considérable de la Palestine est le *Jourdain* (Iarden en hébreu, en arabe Cheria-el-Kebir), qui prend sa source dans l'*Anti-Liban*, coule du nord au sud, traverse successivement le lac *Samochonite* ou eaux de *Mérom*, le lac de *Génézareth* ou de *Tibériade*, et se rend, après un cours de 250 kilomètres, dans le lac *Asphaltite* ou mer *Morte*, de 80 kilomètres de long sur 20 de large, et dans lequel aucun poisson ne pourrait vivre, à cause du bitume qu'il renferme.

Les principaux affluents du Jourdain sont : à gauche, le *Hiéromax*, dont une branche passe à *Gessur* ; le torrent de *Jabbok*, qui prend sa source près de *Bosra* ; plus au sud, coule dans la mer *Morte* le torrent d'*Arnon*, qui séparait la Terre sainte du pays des Moabites ;

A droite, le *Cison oriental*, le torrent d'*Harad*, le torrent de *Taphua*, le torrent de *Carith*, et le fameux torrent de *Cédron*, qui passe à Jérusalem et se rend dans la mer *Morte* ou lac *Asphaltite*.

Un grand nombre d'autres cours d'eaux peu considérables coulent dans la mer *Intérieure* (mer Méditerranée), tels que : le torrent des *Sabbaticos*, un peu au nord de Sidon, le *Maserephot*, le *Léontès*, qui passe à Hamath, et le *Bélus* qui passe à Ptolémaïs ou Acco (Acre). — Ces quatre torrents arrosent la Phénicie propre ; d'autres étaient dans le pays des Philistins, et parmi eux, nous nommerons ceux de *Besor* et d'*Agar*.

Vers les sources du Jourdain et du Léontès se trouve la chaîne principale de l'*Anti-Liban*, dont les ramifications parcourent irrégulièrement, du nord au sud, toute la Palestine, sous les noms de mont *Thabor*, un peu à l'est de Nazareth ; montagne de *Gelboë* ; mont *Carmel*, séjour habituel d'Élie et d'Élisée ; mont *Garizim* et mont *Ébal*, en deçà du Jourdain ; montagnes d'*Éphraïm*, dans la tribu de ce nom ; mont *Balah* ; montagnes de *Judée* ; enfin mont *Angaris*, dans le pays des Philistins.

A l'est du Jourdain et de la mer *Morte*, on trouvait le mont *Hermon* dans la demi-tribu de Manassé ; le mont *Abarim* ; et dans la tribu de Ruben, le mont *Nébo*, dont le sommet se nommait Phasga, et du haut duquel Moïse put voir la Terre promise.

NOTA. — Voir, pour les détails, le *Rapport sur la méthode* de M. Lévi Alvarès et l'*Histoire sainte* de M. Duruy.

II. — AFRIQUE

POUR SERVIR A L'HISTOIRE DES ÉGYPTIENS, DES CARTHAGINOIS, DES NUMIDES ET DES ROMAINS.

Les Grecs et les Romains donnaient à l'Afrique le nom de Libye ; ils n'en connaissaient que ce qui se trouvait le long de la Méditerranée.

Cette contrée se divisait en cinq parties :

1° L'*Égypte*, subdivisée en *Delta* ou Égypte inférieure; villes principales : *Alexandrie*, Nicopolis, Canopé (Aboukir), Tamiathis (Damiette), Tanis (San), où naquit Moïse, Peluse (Tineh), Bubaste (Sagasig), Ramessès, dans la terre de Gessen, Busiris, Saïs; en *Heptanomide* ou Égypte centrale : Arsinoé, *Memphis*, capitale, la grande Hermopolis (Achmounéin) ; près de Memphis se trouvaient les grandes pyramides ; en Egypte supérieure ou *Thébaïde* : *Thèbes* aux cent portes, chantée par Homère, dont les ruines se trouvent encore dans les villages de

Karnak et de Louqsor ; Coptos (Keft), Syène (Assouan), près de l'île d'Éléphantine, Bérénice, sur la mer Rouge, Tentyra (Denderah). L'île de Philé était le dernier poste des Romains sur cette côte.

2° La *Libye,* subdivisée en *Marmarique* et *Cyrénaïque* : on y voyait les villes de Cyrène ; Bérénice ou Hespéris, où les anciens plaçaient le jardin des Hespérides ; Barce (Barca), Darnis, Ammon (Syouah), célèbre par son temple. Dans l'intérieur, la Lybie s'étendait depuis l'Egypte jusqu'aux iles Fortunées (Canaries), et comprenait l'immense désert de Sahara, la Nigritie et une partie de la Guinée ; les Garamantes et les Gétules habitaient au sud de l'Atlas ; les Nasamons, les Nigrites, d'origine éthiopienne, descendaient de Chus, fils de Cham.

3° L'*Afrique propre,* subdivisée en Tripolitaine et en Carthaginoise, distinguée elle-même en Byzacène et en Zeugitane. Dans la *Tripolitaine,* on remarquait les villes d'Œa (Tripoli), de Tacape (Cabès), de Sabrata (Sabart) ; elle était baignée par la grande Syrte (golfe de la Sidre). Dans la *Byzacène,* Adrumète, Zama, près de laquelle Scipion vainquit Annibal ; c'est entre les deux Syrtes qu'habitaient les Lotophages, mangeurs de lotos. Dans la *Zeugitane,* Carthage, Utique (Satcor) ; on y trouvait le promontoire Hermæum (cap Bon).

4° La *Mauritanie,* divisée en Numidie et Mauritanie proprement dite, distinguée en Césarienne et en Tingitane. Dans la Numidie (partie orientale de l'Algérie), on voyait Cirta (Constantine), capitale, Hippone, dont saint Augustin fut évêque. Les *Berbers,* au delà de la Numidie, descendant des Gétules, avaient conservé leur férocité. Dans la Mauritanie Césarienne (partie occidentale de l'Algérie), on remarquait Siga, Portus Magnus (Mers-el-Kebir), près d'Oran, Césarée (Cherchell); dans la Mauritanie Tingitane, Tingis (Tanger), Abyla (Ceuta).

5° L'*Éthiopie,* divisée en Ethiopie proprement dite, où l'on remarquait les Troglodytes, habitants des cavernes; et Éthiopie intérieure (Nubie et Abyssinie); villes : Méroé, Axoum, Napata, capitale de la reine Candace, qui envoya des ambassadeurs à Auguste.

Les monts de l'Afrique étaient les monts *Atlas,* au nord, qui s'étendaient depuis l'Egypte jusqu'à la Mauritanie, et les monts de la *Lune,* au midi.

Les fleuves étaient le *Nil,* qui recevait l'Astapus et l'Astoboras, arrosait Méroé, Napata, Arbos, près de laquelle était le trésor de Cambyse, formait dix cataractes, baignait Syène, Appollonopolis, Thèbes, Coptos, Tentyra, Abydos, Thys, Lycopolis, Hermopolis, Memphis, et se partageait alors en sept branches, dont la plus orientale se jetait dans la Méditerranée, près de Péluse, et la plus occidentale près d'Alexandrie.

Les îles les plus remarquables étaient les îles Fortunées ou Atlantides, qu'on appelait aussi Hespérides, dans la mer Atlantique. Ce sont aujourd'hui les îles Canaries.

III. — ASIE

POUR SERVIR A L'HISTOIRE DES HÉBREUX, DES ASSYRIENS, DES PERSES, DES MACÉDONIENS ET DES ROMAINS.

L'Asie ancienne contenait, au nord, des terres inconnues ; au nord-est et au nord-ouest, la *Scythie,* divisée en Scythie asiatique (Tartarie), et Scythie propre (Turkestan) : la première divisée par l'Oxus, le Djihoun et l'Iaxarte (le Sihoun). Les Massagètes habitaient à l'est de la mer Caspienne. La *Scythie propre* était traversée par le mont Imaüs. A l'ouest se trouvait l'Asie Mineure (Anatolie), ayant :

AU NORD.

La *Bithynie*	Chalcédoine, Nicomédie, Nicée, Pruse (Brouse).
La *Paphlagonie*....	Sinope, Sésame.
Le *Pont*	Thémiscyre, Amasie, Amisus, Zéla, Cérasonte, Trapézonte (Trébizonde).

A L'OUEST.

La *Troade*	Troie ou Ilium, Abydos.
La *Mysie*	Cyzique, Lampsaque, Pergame.
L'*Eolie*	Elæa, Cyme.
L'*Ionie*	Smyrne, Clazomènes, Téos, Colophon, Phocée, Ephèse.
La *Lydie*.........	Sardes, Magnésie.
La *Carie*.	Halicarnasse, Milet, Gnide.

AU MILIEU.

La *Phrygie*	Synnada, Nacolée, Ipsus, Colosses, Hiérapolis, Laodicée.
La *Galatie*	Ancyre (Angora), Gordium, Pessinonte.
La *Cappadoce*	Nazianze, Mazaca, depuis Césarée (Kaïsarid), Tyane, Nysse.
L'*Arménie*	Mélitène, Satala.

AU SUD.

La *Lycie*	Xanthe, Telmissus, Myra, Phaselis, Patare.
La *Pamphylie*	Attaléa, Perga, Side.
La *Pisidie*	Antioche, Selga.
La *Lycaonie*	*Iconium* (Konieh), Lystra.
L'*Isaurie*	Isaura.
Cilicie (*trachée ou haute*)..........	Selinonte, Séleucie, Solas, Olba.
Cilicie (*champêtre ou basse*)	Issus, Tarse, Mopsueste, Anchiale.

Entre le Pont-Euxin et la mer Caspienne, on trouvait :

La *grande Arménie*..	Artaxate, Tigranocerte.
La *Colchide* (Mingrélie).........	Dioscurias ou Sébastopolis, Cyta, Phasis.
L'*Ibérie* (Géorgie)..	Zalisse.
L'*Albanie* (Khirvan).	Albana, Cabalaca.

Entre la mer Caspienne, le golfe Persique et la mer des Indes, on trouvait :

L'*Assyrie*, distinguée en :

Mésopotamie (Djezireh)	Edesse, Charrée ou Harran, Amida, Nisibe, Singara,
Babylonie ou *Chaldée*	Babylone, Cunaxa, Séleucie.
Assyrie propre (Kourdistan).........	Ninive, Arbèles.

La *Médie* divisée en :

Atropatkène	Gaza (Tauris), Phraata.
Grande Médie	Ecbatane (Hamadan), Ragès (près de Rei).

Les contrées comprises entre la mer Caspienne et la mer des Indes étaient : la PERSE, qui avait :

A L'OUEST.

La *Susiane* (Khouzistan)..	Suse, Elymaïs.
Perside (Farsistan) .	Persépolis, Pasargades.
Caramanie (Kerman).	Carmana (Kerman), l'île Ozris (Ormuz).

VERS LA CASPIENNE.

La *Parthie* (Khorassan)	Hécatompylos, Nisœa.
L'*Hyrcanie* (Tabaristan et Mazendéran).	Syringis.

VERS LE MILIEU.

Arie.............	Arie (Hérat).
Drangiane (au nord du Sigistan).....	Ariaspe, Prophtasie.

Arachosie (au midi du Sigistan).......	Arachotus.
Gédrosie(le Mekhran)	Pure.

A L'EST.

La *Sogdiane* (Boukharie).........	Oxiane, Maracanda (Samarkand).
La *Margiane* (Turkestan)	Antioche.
La *Bactriane* (*id.*).	Bactres (Balk), Daraspa.

AU SUD-OUEST.

La *Syrie*, qui renfermait :

La *Comagène* (pachalik d'Alep)	Samosate, Zeugma (Zegmé).
La *Séleucide* (*id.*) ..	Séleucie-Piérée (Suediah), Laodicée (Latakieh), l'île de Mélibée.
La *Syrie propre* (*id*).	Antioche (Antiakieh), Apamée, Émèse, Chalyhon ou Bérée (Alep).
La *Palmyrène* (*id*)..	Palmyre ou Tadmor, Thapsaque.
La *Cælé-Syrie* (pachalik de Damas)...	Héliopolis (Balbek), Damas.
La *Phénicie* (pachalik de Beyrouth).	Tripoli, Byblos (Djébel), Béryte (Beyrouth), Sidon (Saïda), l'ancienne Tyr (Palætyros), la nouvelle Tyr (Sour).

L'*Arabie*, distinguée en :

Arabie Pétrée, où se trouvaient, d'après l'Écriture sainte, les *Ammonites* (Arabes Bédouins)..	Rabbath-Ammon.
Les *Moabites*	Rabbath-Moab.
Les *Iduméens* ou *Edomites*	Élath, Asiongaber.
Les *Madianites*	Madian.
Les *Amalécites*, les Ismaélites.......	Pharan.
Les *Nabathéens*	Pétra.
Arabie Déserte	habitée par les Arabes nomades, dont les villes sont peu connues.
Arabie Heureuse, les Sarrasins	Nysa, Lypos.

Les *Minéens* ...... Caana, Iatrippa (Médine), Iambia.
Les *Sabéens* .... Saba, Macoraba (la Mecque).
Les *Catabans* ...... Moseh (Mousa), Océlis.
Les *Homérites* et d'autres peuples moins connus.

L'*Inde* se divisait en quatre parties :

1° L'*Inde en deçà du Gange* (Hindoustan) où l'on trouvait le royaume de Taxile ; Taxila (Attok); les *Oxydraques*, Bucéphalie ; le royaume de Porus : Lahore ; les *Sogdes*, Nysa; Palibothra.

2° L'*Inde au delà du Gange*, où habitaient, dit-on, les Gangarides (Bengale).

3° La *Chersonèse d'or*, le *pays d'Argent*.

4° Le *pays des Sines*, où habitaient les Sines (Chine méridionale) : Sinœ.

Les îles de la mer des Indes étaient : les Atalones (Maldives), et l'île de Taprobane (Ceylan).

IV. — GRÈCE ANCIENNE

POUR SERVIR A L'HISTOIRE DE LA GRÈCE ET DE ROME.

Au nom de la Grèce doivent se réveiller dans les cœurs généreux deux sentiments qui répandent sur cette contrée fameuse un puissant intérêt : l'admiration et la reconnaissance. L'*admiration*, pour tous les exploits dont elle fut le témoin et l'auteur, pour les grands hommes qu'elle a produits ; et aussitôt se présentent à notre pensée les noms de Lycurgue, avec ses sages lois ; d'Aristide, le plus juste des Grecs; de Thémistocle et de Salamine ; de Xénophon et de la retraite des dix mille; de Léonidas et des Thermopyles; d'Homère et de Pindare ; de Démosthène et de Platon; et de cette foule de héros et d'écrivains qui sont encore nos meilleures sources d'instruction, et demeurent nos modèles après plus de deux mille ans. La *reconnaissance :* c'est la Grèce qui instruisit Rome ; les vainqueurs devinrent les disciples des vaincus; et la poésie, la législation, l'histoire, la morale, le bon goût, les arts, les sciences, et ce talent enchanteur de tout embellir, furent les fruits les plus glorieux que Rome retira de la Grèce soumise, qui conserva cependant, par ses lumières, une sorte d'empire sur ses vainqueurs. Athènes et Rome, voilà les deux foyers où s'est allumé le flambeau, dont la lumière, dispersée sur la surface de la terre, a éclairé les peuples, qui, sans elle, seraient peut-être encore plongés dans les ténèbres de la barbarie.

La Grèce est située dans la partie orientale de l'Europe. Sa longueur s'étend du nord au sud, depuis le 36e jusqu'au 39e degré de latitude, sur un espace d'environ 270 kilomètres ; et sa plus grande largeur, de l'est à l'ouest, du 18e au 22e degré de longitude, a presque la même étendue. Au temps de Darius et de Xerxès, elle enceignait en outre la Thessalie; et dans cette étendue n'étaient pas compris les îles de l'Archipel, qui pourtant dépendaient de la Grèce, ni les quatre pays au nord de cette contrée, qui n'en faisaient pas essentiellement partie, mais dont l'histoire se trouve liée à celle même de la Grèce.

Nous commencerons notre voyage géographique et historique par ces quatre Etats voisins, en faisant observer que nous ne parlerons que des objets les plus remarquables.

La *Thrace,* aujourd'hui Roumélie, bornée à l'est par le Pont-Euxin, au sud par la mer Egée, et à l'ouest par la Macédoine, était consacrée au dieu Mars. Ses habitants passaient pour féroces, fourbes et brigands. Elle était arrosée par l'*Hèbre,* sur les bords duquel

Orphée fut mis en pièces par les bacchantes. On y voit les monts Rhodope et Hémus (Balkans), que les poètes ont personnifiés ; c'est sur ce dernier qu'ils placent le dieu Mars, lorsqu'il examine en quel endroit de la terre il exercera ses fureurs. Des nombreuses villes de la Thrace nous ne nommerons que *Byzance*, aujourd'hui *Constantinople* ou Stamboul, bâtie, suivant le conseil de l'oracle, vis-à-vis du *pays des Aveugles* (Chalcédoine). C'est la plus belle et la plus avantageuse position de l'univers.

L'île de Samothrace en faisait partie.

La *Macédoine*, puissant royaume qui, par la sagesse et la valeur de deux de ses rois, Philippe et Alexandre son fils, donna des lois, non-seulement à la Grèce,mais à toute l'Asie. C'est un pays fort montagneux. Ses principales montagnes étaient le Pangée, aujourd'hui Castagni, où se trouvaient des mines de fer, d'or et d'argent ; et le mont Athos, aujourd'hui Monte-Santo, habité par un grand nombre de caloyers ou moines grecs. L'on y remarquait Edesse, capitale de la Macédoine propre, et Philippes, où Cassius et Brutus furent défaits par Octave.

L'*Épire* (haute Albanie), divisée en Épire grecque et barbare. C'était un pays montagneux, qui renfermait de gras pâturages où l'on nourrissait de nombreux troupeaux de bœufs, et des chevaux devenus célèbres par leurs triomphes aux jeux Olympiques. Buthrote et Nicopolis, qu'Auguste fit bâtir en l'honneur de la victoire d'Actium, sont les villes principales de l'Epire, qui renfermait jusqu'à quatorze nations différentes : les *Molosses* et les *Thesprotes* en sont les principaux peuples. Il semble que ce soit ce pays que les poètes aient eu en vue dans la position qu'ils donnent aux enfers. Le Cocyte et l'Achéron, fleuves tous deux célèbres dans la Fable, arrosaient l'Epire; et c'est enfin dans cette contrée que se trouvait la fameuse forêt de Dodone, où non-seulement des colombes, mais des chênes rendaient des oracles, au bruit de certains vases d'airain sur lesquels on frappait. La chaîne du Pinde, consacrée aux Muses, séparait l'Epire de la Thessalie.

L'*Albanie*, que d'autres nomment Illyrie (basse Albanie). Les Romains ont appelé ce pays Nouvelle Epire. On y remarquait Epidamne, nommée ensuite *Dyrrachium*, et aujourd'hui Durazzo, qui était le grand passage de Grèce en Italie, et *Apollonie*, célèbre par ses écoles et son goût pour les lettres.

Nous nous embarquons à Ambracie, capitale des Etats de Pyrrhus, et nous passons le golfe de ce nom pour arriver dans la Grèce proprement dite. Elle se subdivisait en huit parties ; mais nous ne nommerons que les cinq principales, au nord desquelles se trouvaient :

La *Thessalie* (Janina), au nord de la Phocide. Les anciens l'ont regardée comme la mère de tous les Grecs ; et il serait trop long de citer tous les endroits remarquables qu'elle offre. La Fable et l'histoire s'unissent pour rendre cette contrée célèbre. Nous nous bornerons à citer : Larisse, patrie d'Achille, et où Persée tua par mégarde Acrisius d'un coup de palet ; le mont Œta, au pied duquel se trouvait le passage des Thermopyles (Bocca di Lupo), si bien défendu par Léonidas ; les monts Ossa, Olympe et Pélion; et cette vallée de Tempé, arrosée par le fleuve Pénée, que les poètes ont chantée comme le séjour le plus délicieux de l'univers, pour la fraîcheur et la pureté de l'air qu'on y respire.

L'*Acarnanie*, où se voyaient Actium, célèbre par la victoire navale d'Auguste sur Marc-Antoine; le fleuve Achéloüs, célèbre dans la Fable par le combat de ce dieu avec Hercule. Trois îles, situées à l'ouest de cette province, en faisaient partie et formaient les Etats d'Ulysse ; ce sont :

L'île de *Leucade*, aujourd'hui Sainte-Maure, célèbre par son promontoire, nommé actuellement cap Ducato ;

L'île de *Céphallénie*, aujourd'hui Céphalonie; elle devait son nom à Céphale, mari de Procris et grand-père d'Ulysse ;

L'île d'*Ithaque*, aujourd'hui Théaki, patrie d'Ulysse. Elle avait une ville de même nom, qui ressemblait, dit Cicéron, à un nid d'oiseaux attaché à la cime d'un rocher.

L'*Étolie*. Les habitants de cette province avaient d'abord porté le nom de Curètes ; ils étaient braves, mais orgueilleux, et résistèrent longtemps aux Romains. On dit qu'ils combattaient n'ayant qu'un pied chaussé. Leur principale ville était *Calydon*, fameuse par la chasse du sanglier que tua Méléagre.

La *Phocide*, pays montagneux où s'élève le Parnasse, que les anciens croyaient placé au milieu de la terre, et qui était consacré à Apollon et aux Muses. Ses villes principales étaient Delphes, aujourd'hui Castri, célèbre par les oracles que rendait Apollon, et par son temple, qui renfermait de grandes richesses ; Elatée, près du Céphisse.

Naupacte, aujourd'hui Lépante, dans la *Locride*.

La *Béotie*. Les eaux stagnantes du lac Copaïs en rendaient l'air épais et brumeux. Aussi les habitants de cette contrée passaient-ils chez les Grecs pour un peuple lourd et grossier. Sa ville principale était Thèbes, aujourd'hui Thiva, qui vit naître Epaminondas, Pélopidas et Pindare. Alexandre le Grand la détruisit, et ne fit grâce qu'à la maison du poète Pindare. Nous ne ferons qu'indiquer Orchomène, Chéronée, Leuctres, Platée, Aulis. Leurs noms seuls réveillent le souvenir d'actions mémorables.

L'*Attique*. Cette région, la plus célèbre de la Grèce, n'en était ni la plus étendue ni la plus fertile ; mais elle mériterait à elle seule notre attention, si notre précis rapide nous permettait de nous y arrêter. Athènes, cette ville de Minerve, la plus illustre et la plus célèbre de toute la Grèce, que Cicéron appelait la mère des orateurs, des poètes, des philosophes, et l'école de tous les hommes par son Académie et son lycée, se relève à peine aujourd'hui de ses ruines. On n'y voit plus ces nombreux autels, ces temples, ces gymnases, ni ces portiques, chefs-d'œuvre de goût, et le rendez-vous de l'élite du peuple le plus spirituel qui ait existé. « Qui ne désire pas voir » Athènes, disait le poète Lysippe, est stupide ; qui » la voit sans s'y plaire est plus stupide encore ; mais le » comble de la stupidité est de la voir, de s'y plaire et » de la quitter. »

On admire encore dans l'Attique : Marathon; les trois ports célèbres d'Athènes : Munychie, Phalère, le Pirée; Eleusis; les monts Pentélique et Hymette; et au midi cette île de Salamine, aujourd'hui Colouri, à jamais célèbre par la bataille qui porte son nom (480).

La mer à gauche de Salamine, et qui va se terminer à l'isthme de Corinthe, est le golfe Saronique, auquel Saron, roi de Trézène, a donné son nom.

Nous passons la *Mégaride,* qui nous rappelle le

beau trait de la femme de Mégare, recueillant les cendres de Phocion, et nous entrons dans le Péloponèse.

PÉLOPONÈSE

(MORÉE)

Cette contrée formait une presqu'île jointe au continent par l'isthme de Corinthe, qui n'avait que deux lieues de large. Nous y trouvons :

La *Corinthie*, joignant le Péloponèse à la Grèce. Corinthe, où se célébraient, tous les quatre ans, des jeux en l'honneur de Neptune ; on les appelait isthmiques. Sa situation l'a fait nommer l'œil de la Grèce.

La *Sicyonie*, baignée par le golfe de Corinthe. Sicyone, célèbre par ses écoles de peinture et de sculpture ; elle fut bâtie dans le vingt-deuxième siècle avant Jésus-Christ.

L'*Achaïe*, célèbre par la ligue achéenne.

Patras, anciennement Aroë ; les Romains y avaient une colonie.

L'*Élide*, une des provinces les plus fameuses. On y voyait Olympie, immortalisée par les jeux Olympiques, où se rendaient les peuples de la Grèce et de l'Asie, pour assister à ses fêtes et à ses jeux.

L'*Arcadie*, autrefois Pélasgie, célèbre par ses bergers, et par ses ânes d'une grandeur et d'une force extraordinaires. Mantinée, où se livrèrent deux batailles mémorables, l'une gagnée par Epaminondas, et l'autre par Philopœmen.

L'*Argolide*, fameuse par Atrée, Agamemnon. On y

remarquait : Argos, fondée par Inachus dans le vingtième siècle, et où Pyrrhus fut tué ; Mycènes, fondée par Persée ; Epidaure, consacrée à Esculape ; Trézène, célèbre par la mort d'Hippolyte.

La *Messénie*, théâtre de trois guerres célèbres. Messène, dont les Spartiates s'emparèrent et réduisirent les habitants en esclavage. Pylos, où régna Nestor.

La *Laconie*, immortalisée par Sparte.

Sparte ou Lacédémone, sur le fleuve Eurotas, des ruines de laquelle on a bâti la ville de Mistra, à trois quarts de lieue de l'ancienne. Cette ville, aussi renommée qu'Athènes, sa rivale, avait toujours deux rois qui la gouvernaient conjointement et avec une égale autorité. Lycurgue donna à ce pays des lois fameuses, empruntées, en grande partie, aux coutumes doriennes et à la législation de la Crète.

L'île de *Cythère*, aujourd'hui Cérigo, dépendait du Péloponèse. On sait que c'est près de là que les poètes font naître Vénus de l'écume de la mer. Aussitôt après sa naissance, elle y fut portée sur une conque marine. Elle y avait un temple sous le nom de Vénus Uranie.

Enfin, au midi des monts *Taygètes*, en Laconie, était le promontoire du Ténare, aujourd'hui cap Matapan, que l'on représentait comme un abîme et un soupirail des enfers, gardé par Cerbère.

Nous rentrons maintenant dans la *mer Égée*, et nous allons parcourir les principales îles de cet archipel, qui dépendaient de la Grèce ; nous nommerons :

L'île d'*Eubée*, aujourd'hui Négrepont, qui était séparée de l'Attique et de la Béotie par l'Euripe, bras de mer très-étroit, sur lequel on avait construit un pont. C'est près du promontoire d'Artémise que la flotte grecque battit celle de Xercès. Chalcis et Erétrie étaient les principales villes.

Andros, au midi de l'Eubée, où se trouvait cette fontaine dont l'eau, tous les ans, à la fête de Bacchus, avait le goût du vin.

Les *Cyclades*, ainsi nommées parce qu'elles sont comme rangées en cercle, parmi lesquelles : l'île de Délos, où étaient nés Diane et Apollon; Naxos, aujourd'hui Naxie, la plus grande et la plus belle, consacrée à Bacchus : c'est là qu'Ariane fut abandonnée par Thésée; Paros, renommée par son beau marbre blanc, et patrie du poète Archiloque.

Les *Sporades*, c'est-à-dire îles *dispersées ;* on y remarquait Ios, aujourd'hui Nio, célèbre par le tombeau d'Homère ; Théra (Santorin).

Scyros, île extrêmement aride; elle eut pour roi Lycomède, à la cour duquel Achille fut caché par sa mère.

V. — ITALIE ANCIENNE

POUR SERVIR A L'HISTOIRE ROMAINE

A suivre sur une carte

L'Italie, vaste et célèbre contrée d'Europe, forme une grande presqu'île, ayant la figure d'une botte de cavalier. Elle est bornée au nord par la chaîne des Alpes, à l'ouest par la mer Tyrrhénienne jusqu'au promontoire d'Hercule, aujourd'hui Cap Spartivento ; et à l'est par les golfes de Scylacius, de Tarente, et, depuis le promontoire Iapygie, par le golfe Adriatique.

Nous allons parcourir, en grand, les provinces qui composent cette terre classique de l'antiquité. Nous voudrions que les souvenirs que ce beau pays rappelle à notre mémoire, et qui s'y pressent en foule, pussent venir jeter de l'intérêt sur notre voyage ; mais les bornes de ce coup d'œil nous interdisent la peinture animée de tant de beautés, de tant de merveilles. Nous nommerons les principales contrées et les principales villes qui sont citées dans les ouvrages classiques, pour en faciliter l'étude.

L'Italie se divisait en trois parties: du *nord*, du *milieu*, du *midi*. Les *Apennins*, longue chaîne de montagnes, la traversaient dans toute son étendue, jusqu'au détroit de Sicile, et donnaient lieu à l'écoulement de plusieurs rivières.

L'Italie du nord comprenait la *Gaule Cisalpine*, divisée en Transpadane et Cispadane, c'est-à-dire au-delà et en deçà du Padus ou Pô, qui la traversait. Cette province est ainsi nommée, parce que les Gaulois Transalpins vinrent s'établir dans cette contrée, au sixième siècle avant Jésus-Christ, ayant à leur tête Bellovèse, neveu d'Ambigat, roi des Biturriges. Leurs établissements s'étendaient jusqu'à Sena Gallica, le long du golfe Adriatique.

Nous remarquons Milan, fondée par les Gaulois, et regardée par les Romains comme la seconde ville de l'empire : *Tout est admirable dans Milan*, disait le poète Ausone; Crémone; Mantoue, sur le Mincius, près de laquelle naquit Virgile (au village d'Andes).

Ravenne, ville florissante, où se voyaient le tombeau du roi Théodoric, élevé par sa fille Amalasonte, et celui du Dante, le *poète des sépultures*. Au midi, le *Rubicon*, rivière célèbre par la défense faite aux généraux romains qui rentraient en Italie de ce côté, de la passer en armes à la tête de leurs troupes. *Le sort en est jeté!* s'écria César, en passant ce fleuve, et la liberté de Rome fut détruite. La Trébia, le Tésin, autres rivières qu'Annibal a rendues célèbres.

La *Vénétie*, arrosée par l'Athésis (Adige); Æmona (Laybach); Tergeste (Trieste); Vérone, où naquit le poète Catulle, et où l'on admire encore cet amphithéâtre majestueux, l'un des plus beaux monuments de l'antiquité; Vicence, où naquit depuis le célèbre Palladio. Le fameux théâtre Olympique de cet architecte est le plus beau monument de Vicence.

La *Ligurie*, séparée de l'Étrurie par le fleuve Macra; Genua (Gênes) : l'on attribuait sa fondation à Génius, fils de Saturne. Annibal la détruisit; mais elle fut rebâtie par Cornélius Servilius. La Ligurie est aujourd'hui représentée par le territoire de Gênes, le sud du Piémont et le nord de la Toscane. Albe, où naquit l'empereur Pertinax ; Savona; Albium (Vintimille).

L'Italie du milieu comprenait sept Etats, parmi lesquels nous citerons seulement l'*Étrurie*, le *Latium* et la *Campanie*.

L'*Étrurie* (Toscane). Les peuples de cette province sont comptés parmi les plus célèbres de l'antiquité. Ils avaient cultivé de bonne heure, et avec succès, la législation et les arts. Leur origine était orientale. Deux lacs y ont acquis une célébrité consacrée par l'histoire : le lac Trasimène, auprès duquel Annibal remporta sa troisième victoire, et le lac Vulsinien, dans une des îles duquel la princesse Amalasonte, reine des Goths, fut exilée et mise à mort par Théodat. Clusium, capitale des Etats de Porsenna, roi des Etrusques, et dont le siége fut la cause de l'invasion des Gaulois à Rome; Florentia, aujourd'hui Florence; Pistorium (Pistoie), près de laquelle Catilina fut tué; Volaterra, patrie de Perse; Centum Cellœ

(Civita-Vecchia), d'où les Tarquins tiraient leur origine.

Le *Latium* (États de l'Eglise). Cette contrée, la plus célèbre de l'Italie, fut ainsi appelée parce que Saturne, disent les poètes, s'y cacha, quand il fut chassé du ciel par son fils Jupiter ; c'est pour cela qu'ils appellent souvent l'Italie entière *Saturnie*. Le Latium comprenait les pays des Latins, des Èques, des Rutules, des Herniques et des Volsques. A l'est se trouvaient les *Sabins* et les *Samnites*.

En entrant sur les terres du Latium, la ville qui se présente à notre pensée, et qui la remplit tout entière, c'est la capitale du monde ancien sous les Romains, la capitale des arts, lors de la renaissance des lettres et du goût, et enfin la capitale du monde chrétien, sous les papes : *Rome, déesse des terres et des nations*, disait le fier Romain en arrivant dans sa patrie, *toi qui n'as point d'égale ni de rivale qui puisse t'approcher, je te salue!*

Il est des objets qu'il suffit d'indiquer, parce qu'ils parlent d'eux-mêmes ; aussi nous bornerons-nous à nommer Rome. Citons ensuite : Tusculum, aujourd'hui Frascati, où Cicéron avait une maison de campagne ; Caïeta (Gaète). C'est entre cette ville et celle d'Astura, à l'extrémité occidentale des marais Pontins, produits par le débordement d'un grand nombre de ruisseaux, que Cicéron eut la tête tranchée, dans sa litière, par l'infâme Popilius, qui lui était redevable de la vie. Arpinum, patrie de Marius et de Cicéron. Le Tibre, fleuve célèbre, appelé d'abord *Albula*, à cause de la blancheur de ses eaux, et ensuite *Tibre*, de Tibérinus, roi des Albains, qui s'y était noyé.

La *Campanie* (terre de Labour). Cette province était

si fertile que les anciens la disaient cultivée à l'envi par *Cérès, Vénus* et *Bacchus*. On l'appelait *riche, industrieuse, très-heureuse* ; fleurs, fruits, moissons abondantes, tout prospérait en Campanie. C'est là qu'on recueillait ce fameux falerne, si vanté par Horace. Au milieu de ses fertiles campagnes s'élevaient une foule de villes florissantes : Cumes, auprès de Salerne, où mourut Sylla : c'est là que les poètes placent la grotte fameuse où la Sybille rendait ses oracles; Capoue, qui fut longtemps la rivale de Carthage et de Rome, le séjour de la mollesse, dont Annibal fut la victime; Minturnes : Marius se tint longtemps caché dans les marais qui environnent cette ville; Neapolis (Naples) : elle n'était pas alors ce qu'elle est aujourd'hui, et ses habitants ne pouvaient pas dire aux étrangers qui venaient la visiter : *Veder Napoli e poi morir : Voir Naples et mourir !* C'est vraiment aujourd'hui que l'on peut s'écrier avec le Napolitain enthousiaste : *Un pezzo di cielo caduto in terra : C'est un morceau du ciel tombé sur la terre.* Elle a porté le nom de Parthénope.

Nous voyons près de là le fameux Vésuve, dont il serait trop long d'écrire l'histoire. Nous nous bornerons à rappeler que la première de toutes les éruptions connues de ce volcan eut lieu l'an 79 de l'ère vulgaire ; elle fut si terrible qu'elle détruisit et fit disparaître deux villes, Herculanum et Pompeia, que l'on a découvertes au commencement du XVIIIe siècle. Citons aussi, au sud-ouest de Naples, le mont Pausilippe, traversé par une grotte antique souterraine, à l'entrée de laquelle est le tombeau de Virgile, ombragé d'un laurier; le lac Averne, où les oiseaux périssaient, à cause de l'odeur méphitique qu'il exhalait : de là l'idée que c'était un lac des enfers; non loin de là, le lac Lucrin, qui nourrissait d'excellents poissons ; et enfin les rivages délicieux de Baïes, où régnaient autrefois la magnificence et les plaisirs.

L'Italie du sud, appelée *Grande Grèce,* comprenait quatre pays :

L'*Apulie* (la Pouille), renommée par ses belles laines. On y remarquait : Cannes, célèbre par la cinquième victoire qu'Annibal remporta sur les Romains; Venusia, patrie d'Horace.

La *Messapie ;* Brindes, port de mer, où mourut Virgile; Tarente, fondée par les Lacédémoniens. Cette ville était la plus considérable de la Grèce ; son luxe et ses délices avaient passé en proverbe.

La *Lucanie* ; villes principales : Sybaris, célèbre par le luxe et la mollesse dans lesquels ses habitants étaient plongés ; Métapontes, fondée par Épéus, qui avait construit le cheval de Troie. Pythagore y mourut.

Le *Brutium* ; Consentia; Crotone : cette ville se distingua surtout dans les exercices athlétiques et militaires ; le fameux athlète Milon était de cette ville ; Rhegium (Reggio). On appelait *Calypsus* une île au sud de Crotone, que l'on regardait comme le séjour de la nymphe Calypso.

ILES D'ITALIE

SICILE

Cette belle île, qui a plus de 300 kilomètres de longueur, n'est séparée de l'Italie que par un détroit de quatre kilomètres. Elle est de forme triangulaire, et par cette raison fut nommée Trinacrie, par allusion à ses trois célèbres promontoires, appelés Pachynus, Pelorus et Lilybæum ; elle est montagneuse dans son intérieur : l'Etna, volcan presque toujours en activité, occupe un espace considérable dans la partie orientale. La Sicile était si fertile qu'on l'appelait *le grenier du peuple romain*. On remarquait, à l'entrée du détroit, le gouffre de Charybde, vis-à-vis de celui de Scylla.

Panorme, aujourd'hui Palerme, ville maritime et capitale de la Sicile, située au fond du golfe du même nom, sur la côte septentrionale de l'île, à l'extrémité d'un amphithéâtre formé par des montagnes de roches extrêmement hautes. Elle avait anciennement deux ports, dont l'un pénétrait au centre de la ville ; ils sont aujourd'hui presque entièrement comblés.

Drepanum (Trapani), célèbre par la défaite des Romains commandés par Claudius Pulcher.

Messine, autrefois Zancle ; elle fut la cause de la première guerre punique.

Syracuse, fondée par Archias, chef d'une colonie de Corinthiens ; elle fut regardée comme la capitale de la Sicile. Marcellus la prit. Ce fut alors que périt Archimède, l'un des plus grands géomètres de l'antiquité. C'est la patrie d'Archimède et de Théocrite.

Agrigente ; on a parlé du luxe de ses habitants, comme à peu près de celui des Sybarites. C'était une des villes les plus considérables, les plus belles et les plus riches de la Sicile, sur la côte sud-ouest et près de la mer ; elle avait un port considérable.

Hybla-Major, au sud du mont Etna, célèbre par son miel.

ILES ÉOLIENNES OU VULCANIENNES

Les îles d'Éole ou de Vulcain, aujourd'hui Lipari, sont situées au nord de la Sicile. Elles étaient ainsi nommées, parce que les anciens plaçaient dans ces îles le séjour d'Éole et les forges de Vulcain. Les principales étaient Lipara et Strogyle.

MÉLITE

L'île Mélite, ou de Malte, avait reçu de bonne heure une colonie de Phéniciens ; elle passa ensuite aux Carthaginois, puis aux Romains.

SARDINIA

Sardinia, aujourd'hui la Sardaigne, peuplée comme l'île Mélite, en suivit les révolutions. Cette île a, dans sa partie septentrionale, des montagnes si hautes et si escarpées, que les anciens les ont appelées *montagnes insensées* ; elles empêchent les vents froids de souffler dans une grande partie de cette île, ce qui de tout temps y a rendu l'air malsain. Cicéron écrivait à son frère Quintus, qui en était gouverneur, de *veiller à sa santé,* et de se souvenir qu'il était en Sardaigne. On y remarque Caralis (Cagliari), fondée par les Carthaginois.

CORSE

Cette île porta d'abord le nom de Cyrnos. Les habitants ne se nourrissaient que de miel, de lait et de la chair des animaux sauvages. La côte était peuplée de colonies étangères. Mariana, fondée par Marius.

VI. — COLONIES ANCIENNES

Le mot *colonie* se prend dans une double acception : c'est le transport forcé ou l'émigration volontaire d'un peuple, ou d'une partie d'un peuple, d'un pays dans un autre ; c'est encore la désignation de l'établissement qu'ils ont formé dans leur nouvelle patrie. Il a pour racine le verbe latin *colere*, cultiver, faire valoir un champ ; c'est là, en effet, la première occupation, la principale nécessité de ceux qui vont s'établir au loin : les autres industries n'apparaissent qu'ensuite et successivement.

A la mort de Noé, ses descendants, déjà trop nombreux pour habiter ensemble, se séparèrent. La postérité de chacun des fils de ce patriarche, Japhet, Sem et Cham, partagée en différentes tribus, partit des plaines de Sennaar pour chercher de nouvelles habitations, et chaque tribu devint une nation particulière ; ainsi se peuplèrent, de proche en proche, les diverses contrées de la terre, à mesure que celles qui avaient été primitivement habitées ne pouvaient plus nourrir leurs habitants.

Telle est la *première espèce de colonie ;* elle naquit de la nécessité, et son résultat particulier fut la subdivision des tribus ou des nations.

L'ambition, la violence, la guerre, et quelquefois un excès de population, obligèrent dans la suite les membres des sociétés primitives à chercher de nouvelles demeures.

C'est ainsi qu'Inachus, Phénicien d'origine, vint fonder en Grèce le royaume d'Argos (1980 avant J.-C.), dont sa postérité fut depuis dépouillée par Danaüs, autre aventurier sorti de l'Égypte (1572). Cécrops, à la tête d'une colonie égyptienne, bâtit cette ville, qui, depuis, sous le nom d'Athènes, devint le temple des arts et des sciences (1650). Cadmus n'osant reparaître devant Agénor, son père, roi de Tyr, aborda sur les confins de la Phocide, et y jeta les fondements de la ville de Thèbes (1580). L'Afrique vit sans inquiétude s'élever, avec Didon, les murs de Carthage, qui bientôt devait la rendre tributaire (880). L'Italie reçut avec Énée les Troyens échappés à la ruine de leur patrie (1263). Ce qui caractérise cette *seconde espèce de colonie*, c'est qu'elle multiplia les sociétés indépendantes, et augmenta les moyens de communication.

Des guerres survinrent entre ces différentes sociétés. Le vainqueur, pour assurer ses frontières, dispersait les vaincus dans les terres de son obéissance, et distribuait les leurs à ses propres sujets ; ou bien il se contentait d'y bâtir et d'y fortifier des villes nouvelles qu'il peuplait de ses soldats. Telle est la *troisième espèce de colonie*. C'est par elle qu'Alexandre contint une multitude de peuples vaincus si rapidement. Les Romains s'en servirent dès l'origine pour accroître leur république ; et, plus tard, ce fut la barrière qui les défendit longtemps contre les Parthes et le Nord.

Les excursions des Gaulois en Italie, des Vandales en Europe et en Afrique, et des Tartares dans la Chine, forment une *quatrième espèce de colonie*. Les vainqueurs conquièrent pour partager les terres avec les vaincus, et n'y faire qu'une nation avec eux. Ces colonies eurent pour effet d'accroître la population, et donnèrent naissance à de puissants États.

La *cinquième espèce de colonie* eut pour principe

l'esprit de commerce, et pour résultat d'enrichir la métropole ; Tyr, Carthage et Marseille adoptèrent ce plan. Utique, bâtie par les Tyriens, près de 200 ans avant Carthage, servait de retraite à leurs vaisseaux, ainsi que Malte et les côtes fréquentées par les Phéniciens. Cadix en Espagne, Lilybée en Sicile, sont des colonies du même peuple. Carthagène (*Carthago Nova*, la Nouvelle-Carthage) fut fondée par Asdrubal, vers 228 av. J.-C., pour l'exploitation des mines d'argent que recélait son territoire.

Deux ans auparavant, Barcelone, dont le nom rappelle celui de la fameuse famille punique des Barca, avait dû sa fondation à un autre Carthaginois, Amilcar. En Gaule, Marseille était une colonie de Phocéens chassés de leur pays (600).

Chez les Romains, il y avait deux grandes sortes de colonies : les *colonies romaines*, et les *colonies latines*. Les habitants des premières étaient citoyens romains et avaient droit de suffrage, sans néanmoins avoir part aux charges et aux honneurs de la République ; ceux des colonies latines avaient droit de suffrage si le magistrat le leur permettait, et étaient reçus citoyens romains, après avoir exercé quelque magistrature dans une ville latine. Il y avait encore des *colonies militaires* pour les vieux soldats, mais elles rentraient dans la classe des colonies romaines.

Les Romains, de même que les Grecs, avaient coutume, dans leurs colonies, de bâtir des temples et d'autres somptueux édifices, pareils à ceux de Rome et des autres villes d'Italie, pour adoucir l'ennui des nouveaux habitants ; et ils donnaient aux rivières et aux montagnes de ces colonies les noms des rivières et des montagnes qu'ils avaient quittées. C'est ainsi que

Trèves, Cologne, Toulouse, etc., ont eu chacune leur capitole, à l'exemple de Rome; et que Vérone, Lyon, Vienne, Nîmes, Arles et d'autres villes, ont eu de même leur cirque et leur amphithéâtre.

Mais, dans l'antiquité, le peuple colonisateur par excellence, c'est la Grèce. Elle envoie partout d'innombrables émigrations, sur les côtes de l'Asie Mineure (Ionie, Éolie, Doride), en Thrace, dans l'Italie méridionale (Grande Grèce), et jusque sur les côtes de la Gaule et de l'Espagne.

Les principales de ces colonies étaient :

1° Dans l'Éolie : *Cyme* et *Smyrne;*

2° Dans l'Ionie : les douze villes de *Phocée, Érythrée, Clazomène, Téos, Lébédos, Colophon, Éphèse, Priène, Myonte, Milet,* et dans les îles, *Samos* et *Chios.* Elles avaient un temple commun, le *Panionium,* consacré à Neptune, sur le promontoire de Mycale ; c'est là qu'elles célébraient leurs solennités, et délibéraient sur les affaires générales ;

3° Dans la Doride : *Cnide, Halicarnasse;* et dans l'île de Rhodes : *Jalyse, Camire* et *Linde.* En outre, l'île de *Cos;*

4° Sur les côtes de la Propontide, de la mer Noire, et des Palus-Méotides : *Lampsaque, Périnthe, Byzance, Héraclée,* en Bithynie ; *Sinope,* dans la Paphlagonie, patrie de Diogène ; *Amisus,* dans le Pont ; *Panticapée,* dans la Tauride ;

5° Sur les côtes de la Thrace et de la Macédoine, et le long de la mer Égée : *Sestos, Cardia, Ægos-Potamos; Maronée* et *Abdère,* dans l'intérieur : *Amphipolis, Chalcis, Olynthe* et *Potidée,* sur les côtes de la Macédoine ; Chalcis, capitale de l'île d'Eubée;

6° Dans l'Italie inférieure : *Tarente, Crotone, Sybaris, Thurium, Locres, Rhegium, Cumes;*

7° En Sicile : *Syracuse, Agrigente, Zancle* (plus tard *Messine), Hybla, Leontium, Catane, Géla, Himère, Sélinonte;*

8° Dans les autres îles et sur les côtes de la Méditerranée : *Caralis* et *Olbia,* dans la Sardaigne; *Aleria,* colonie phocéenne, dans la Corse; *Antipolis, Nice* et *Olbia,* colonies de Marseille, sur les côtes de la Méditerranée; *Sagonte,* colonie de Zacynthe, sur les côtes d'Espagne; *Cyrène,* sur la côte d'Afrique, fondée en 631, à l'instigation de l'oracle de Delphes, par les habitants de l'île de *Théra.*

TRAVAIL

TABLEAU SYNOPTIQUE DE LA GÉOGRAPHIE ANCIENNE

Pays.	Divisions.	Capitales.	Villes principales.

TABLEAU DES COLONIES ANCIENNES

Caractère des colonies.	Colonies romaines.	Colonies grecques.

GÉOGRAPHIE MODERNE

OBSERVATION

A mesure que l'élève fait son tour du monde, il sera nécessaire qu'il dise le précis historique de chaque pays, la langue et la littérature du peuple dont il parle, et pour cela il aura recours à nos *Esquisses historiques* et aux *Esquisses littéraires*.

GÉOGRAPHIE MODERNE

I

COUP-D'ŒIL GÉNÉRAL

1. GRANDES DIVISIONS

La terre est divisée en trois grandes parties, qui sont :

Le monde ancien ;

Le monde nouveau ;

Le monde maritime.

L'ancien monde comprend l'*Europe*, l'*Asie* et l'*Afrique*.

L'*Europe* renferme 300,000,000 d'habitants, sur une étendue de 3,850 kilomètres du N. au S., et de 5,500 du N. E. au S. O. — Elle produit céréales, fruits, vins, légumes, chanvre, lin, métaux, minéraux et animaux domestiques. — On y remarque comme puissances prépondérantes : la France, la Russie, l'Angleterre, l'Empire d'Allemagne, l'Autriche, l'Italie, l'Espagne et la Turquie. — Paris, Saint-Pétersbourg, Londres, Berlin, Vienne, Rome, Naples, Madrid et Constantinople, sont les villes les plus importantes de l'Europe.

L'*Asie* a 750,000,000 d'habitants, sur une étendue de 10,200 kilomètres du N. E. au S. O., et de 8,000 du

N. au S. — Cette partie du monde, la plus grande de toutes, renferme des productions de toute espèce : excellents fruits, riz, thé, café, pierres précieuses, métaux, soie et coton, nombreux animaux. — Les puissances prépondérantes de l'Asie sont : la Chine, l'Inde anglaise, le Japon, la Turquie d'Asie et la Perse. — Les plus grandes villes sont : Pékin, Calcutta, Yédo, Smyrne et Téhéran.

L'*Afrique* renferme 150,000,000 d'habitants sur une étendue de 8,000 kilomètres du N. au S., et de 7,500 de l'E. à l'O. — Elle produit : végétaux nombreux, tels que : le cafeïer, le cocotier, le dattier, le bananier, etc. ; animaux carnassiers et reptiles venimeux ; métaux, poudre d'or, cuivre et fer. — Les puissances principales de l'Afrique sont : la vice-royauté d'Egypte, la régence de Tripoli, la Tunisie, l'Algérie, l'empire de Maroc, et la colonie du Cap ; les villes importantes sont : le Caire, Alexandrie, Suez, Khartoum, Tripoli, Tunis, Alger, Maroc, le Cap.

Le nouveau monde, découvert en 1492 par Christophe Colomb, comprend l'Amérique septentrionale et l'Amérique méridionale ; sa population est de 80,000,000 d'habitants.

L'*Amérique septentrionale* a 7,000 kilomètres d'étendue du N. au S., et 6,000 de l'E. à l'O. — Elle produit : céréales, fruits, coton, tabac, palmiers, vignes, etc. ; or et argent ; animaux sauvages et domestiques. — Les puissances prépondérantes de l'Amérique septentrionale sont : les Etats-Unis et le Mexique.

Les villes les plus considérables sont : New-York, Philadelphie, Boston, Washington, et Mexico.

L'*Amérique méridionale* a une étendue de 7,500 kilomètres du N. au S., et 5,000 de l'E. à l'O. — Elle produit : cannes à sucre, cacaotiers, maïs, vignes, oliviers, quinquina, etc. ; or et argent, pierres précieuses ; animaux.

Le Brésil, le Pérou, le Chili, la république Argentine et les Etats-Unis de Colombie sont les puissances prépondérantes de l'Amérique méridionale. — Les plus grandes villes sont : Rio-Janeiro, Lima, Santiago, Buenos-Ayres, Montevideo.

Le monde maritime ou *Océanie* renferme une population de 35,000,000 d'habitants.

Il se divise en quatre grandes parties : Malaisie, Mélanésie, Micronésie, Polynésie.

La *Malaisie* produit : épices, riz, maïs, coton, cannes à sucre ; or, fer, cuivre, diamants ; tigres, éléphants, rhinocéros, buffles et singes. On y remarque l'archipel de la Sonde, dont la principale île est Sumatra ; Bornéo : et les îles Philippines, dont la plus remarquable est Luçon.

La *Mélanésie,* dont la principale île est l'Australie ou Nouvelle-Hollande, qui produit : le blé, la vigne, l'or ; des moutons, des bœufs et des chevaux.

La *Micronésie*, où se trouvent l'archipel Magellan, les îles Mariannes, les îles Carolines.

La *Polynésie* produit : cocotiers, patates, ignames, arbres à pain, cannes à sucre ; peu d'animaux. Les principaux archipels sont : l'archipel Sandwich, capitale Honolulu ; l'archipel des Navigateurs ; les îles Taïti ou de la Société ; les îles Marquises, dont l'île principale est Noukahiva ; la Nouvelle-Zélande, capitale Auckland.

TABLEAU A FAIRE

1re Colonne. Divisions générales.
2e — Étendue.

3e — Population.
4e — Puissances prépondérantes.
5e — Productions.
6e — Villes principales.

2. VUE GÉNÉRALE DES CINQ PARTIES DU MONDE.

EUROPE

Nous commençons notre voyage par l'*Europe*. Elle est bornée :

Au nord, par l'Océan Glacial du Nord ;

A l'ouest, par l'Océan Atlantique ;

Au sud, par la mer Méditerranée ;

Au sud est, par l'Archipel, le détroit des Dardanelles, la mer de Marmara, le détroit de Constantinople, la mer Noire et le Caucase ;

A l'est, par la mer Caspienne, le fleuve Oural, les monts Ourals et le fleuve Kara.

L'Europe se divise aujourd'hui en quinze parties principales, dont quatre au nord, six au milieu et cinq au sud.

Nous voyons d'abord, au nord, les *îles Britanniques* composées de l'Angleterre, de l'Ecosse et de l'Irlande ; le *Danemark*, la *Suède* avec la *Norwège*, la *Russie d'Europe*.

Au centre, nous traversons, en venant de la Russie par le sud, l'empire d'*Autriche* ou *Austro-Hongrois*, l'empire d'*Allemagne* ; la *Suisse*, la *Belgique*, au nord de laquelle se trouve la *Hollande* ou *Pays-Bas*, enfin la *France*.

Au sud, en quittant la France, l'*Espagne*, le *Portugal;* nous passons le détroit de Gibraltar : nous faisons voile pour le royaume d'*Italie*, nous traversons la *Tur-*

quie d'Europe et la *Grèce ;* nous passons l'Archipel, et nous entrons en Asie par la Turquie d'Asie.

ASIE

L'Asie est bornée :

Au nord, par l'Océan Glacial du Nord ;

A l'ouest, par le fleuve Kara, les monts Ourals, le fleuve Oural, la mer Caspienne, le Caucase, la mer Noire, le détroit de Constantinople, la mer de Marmara, le détroit des Dardanelles, l'Archipel, la Méditerranée, l'isthme de Suez et la mer Rouge ;

Au sud, par la mer des Indes ;

A l'est, par le Grand Océan, qui la sépare de l'Amérique.

On peut diviser l'Asie en douze parties principales. Nous traversons la *Transcaucasie* ou Russie d'Asie occidentale, la *Turquie d'Asie*, *l'Arabie*, à l'ouest ; la *Perse* ou l'Iran, le *Béloutchistan*, le royaume de *Caboul* ou *Afghanistan*, la *Tartarie* indépendante ou *Turkestan*, au centre ; la *Sibérie* ou Russie d'Asie orientale, au nord ; l'empire insulaire du *Japon*, et la *Chine*, à l'est ; les Indes, au sud, composées : 1° de l'*Indo-Chine*, ou presqu'île orientale de l'Inde, dans laquelle nous visitons : la Basse-Cochinchine, le royaume du Cambodge, celui de Siam, l'empire d'Annam, la presqu'île de Malacca; 2° *l'Hindoustan* ou presqu'île occidentale de l'Inde, dont la plus grande partie appartient aux Anglais.

Nous traversons la mer des Indes, et nous voilà dans l'Afrique, que nous côtoyons, parce que le centre est peu connu.

AFRIQUE

L'Afrique est bornée,

Au nord, par la Méditerranée ;

A l'ouest, par l'Océan Atlantique ;

Au sud, par le grand Océan Austral ;

A l'est, par la mer des Indes, la mer Rouge et l'Isthme de Suez, traversée par le canal de Suez.

L'Afrique se divise en vingt contrées principales. Nous abordons la colonie anglaise de *Natal*, nous voyons la capitainerie portugaise de *Mozambique*, le *Zanguebar*, et nous longeons les côtes d'Ajan et d'Adel ou pays des *Soumâlis* ; nons passons le détroit de Bab-el-Mandeb, et nous voyons l'*Abyssinie*, la *Nubie*, *l'Egypte ;* nous nous trouvons au nord, et nous visitons les régences de *Tripoli*, de *Tunis*, *l'Algérie* (aux Français), l'empire de *Maroc ;* nous passons le détroit de Gibraltar, et nous suivons les côtes du *Sahara*, de la *Sénégambie*, de la *Guinée* supérieure et de la *Guinée* inférieure ou *Congo*, au nord et au sud-est de laquelle se trouvent le *Soudan* ou Nigritie septentrionale et *l'Afrique Australe* intérieure ou Haute-Afrique ; les côtes de la *Cafrerie*, de la *Hottentotie*, et de la colonie du *Cap*. Nous faisons voile pour l'Amérique.

AMÉRIQUE

L'Amérique se divise en trois parties : l'Amérique septentrionale, l'Amérique centrale et l'Amérique méridionale.

L'Amérique septentrionale est bornée :

Au nord, par des contrées inconnues et des mers toujours glacées ;

A l'ouest, par le Grand Océan ;

Au sud, par l'Isthme de Panama et la mer des Antilles ;

A l'est, par l'Océan Atlantique.

L'Amérique méridionale est bornée :

Au nord, par la mer des Antilles et l'Isthme de Panama, qui la joint à l'Amérique septentrionale ;

A l'est, par l'Océan Atlantique ;

A l'ouest, par le Grand Océan ;

Au sud, par le détroit de Magellan, qui la sépare de la Terre de Feu.

L'Amérique septentrionale se divise en quatre grandes parties. — Nous commençons notre voyage par le *Groënland* ; nous traversons la mer de Baffin, et nous voyons l'*Amérique anglaise,* les *Etats-Unis*, et le *Mexique.*

L'Amérique centrale se divise en cinq petites Républiques que nous traversons : *Guatemala, Honduras, San Salvador, Nicaragua* et *Costa-Rica.*

L'Amérique méridionale se divise en douze parties :

Les Etats-Unis de *Colombie* ou Nouvelle-Grenade, le *Vénézuéla, l'Équateur*, les *Guyanes* anglaise, hollandaise et française, le *Brésil,* le *Pérou,* la *Bolivie,* le *Paraguay, l'Uruguay,* la confédération *Argentine* ou de *la Plata,* le *Chili,* la *Patagonie.*

Nous nous trouvons dans le monde maritime ou Océanie.

OCÉANIE

L'Océanie est bornée :

Au nord, par l'Océan Indien, le détroit de Malacca, la mer de la Chine, l'île de Formose et le grand Océan septentrional;

A l'est, par le Grand Océan oriental ;

Au sud, par le Grand Océan méridional ;

A l'ouest, par l'Océan Indien.

On peut la diviser en deux grandes parties : 1° l'Océanie occidentale, 2° l'Océanie orientale.

Dans l'Océanie occidentale, nous visitons d'abord la *Malaisie*, en parcourant successivement : les îles de la Sonde, où nous remarquons Sumatra, Java et Timor ; l'île de Bornéo ; celle de Célèbes ; le groupe des Moluques; celui des Philippines, en nous arrêtant à Luçon et à Mindanao. — Passant ensuite dans la *Mélanésie*, nous trouvons : l'Australie ou Nouvelle-Hollande, qui appartient à l'Angleterre ; la Terre de Van-Diémen ou île de Tasmanie ; la Nouvelle-Guinée ou Terre des Papous ; l'archipel de la Pérouse ou de Santa-Cruz ; les Nouvelles Hébrides ; la Nouvelle-Calédonie, à la France ; les îles Viti ou Fidji.

Dans l'Océanie orientale, nous visitons dans la *Micronésie :* les archipels de Magellan ou Bonin-Sima, des Mariannes ou des Larrons, des Carolines, de Marshall, de Gilbert et d'Anson. — Puis nous entrons dans la *Polynésie*, qui peut se diviser en deux grandes parties : les archipels au nord et au sud de l'Equateur.

Au nord, nous visitons : les archipels de Sandwich ou Hawaï.

Nous passons la ligne, et nous voyons les six archipels de Tonga ou des Amis, de Samoa ou des Navigateurs, de Cook, de la Société ou Taïti, des îles Basses ou Pomoutou, des îles Marquises ou Noukahiva ; enfin les deux grandes îles méridionales de la Nouvelle-Zélande.

OBSERVATIONS.

L'élève devra posséder parfaitement sa mappemonde. On lui donnera de fréquents voyages à faire; d'abord dans chaque partie du monde, puis dans le monde entier. Ces trajets, parcourus par les grandes lignes de navigation à vapeur, que nous indiquons à la fin de cet ouvrage, devront être étudiés et donnés en voyages. De nombreuses questions lui seront adressées verbalement et par écrit, afin qu'il grave parfaitement dans sa mémoire la situation des contrées. Nous en proposons quelques-unes, en renvoyant les élèves et les professeurs à notre Questionnaire géographique.

1° Quels Etats traverse-t-on en partant du Portugal pour arriver en Chine ?

2° Quels Etats verriez-vous si vous partiez des Indes pour aller en France par terre ?

3° Quels sont les pays que vous longeriez si vous partiez de la colonie du Cap pour aller à Saint-Pétersbourg, sans quitter les côtes ?

II

VOYAGES DANS LES PRINCIPAUX ÉTATS DU MONDE

I. — EUROPE

562. Je pars de Galway en *Irlande*, je visite : Limerick, Cork, Waterford; DUBLIN, à l'embouchure du Liffey, capitale de l'Irlande, à 740 kilomètres de Paris ; Belfast, et Londonderry. Je quitte alors l'Irlande, et je me rends en *Ecosse*, où je remarque : Inverness,

Aberdeen, Dundée, Perth; EDIMBOURG, près du golfe de Forth, capitale de l'*Ecosse*, à 1,020 kilomètres de Paris; Glasgow et Dumfries. Je passe en *Angleterre*, dont les villes remarquables sont : Liverpool, Manchester, Birmingham, Bristol, Oxford, Cambridge; LONDRES, capitale, sur la Tamise, à 420 kilomètres de Paris, avec 3,300,000 habitants; Portsmouth. Ici se termine mon voyage dans les îles Britanniques, dont la population est de 31,500,000 habitants, ainsi répartis : 21,700,000 pour l'Angleterre, 1,000,000 pour le pays de Galles, 3,300,000 pour l'Ecosse, 5,400,000 pour l'Irlande, et environ 150,000 pour les îles de Man, Jersey, Guernesey et les îles adjacentes.

Je m'embarque à Portsmouth, et me dirige vers la *Belgique*, royaume dont la population est de 5,000,000 d'habitants; j'y arrive par le port d'Ostende. Je visite successivement Bruges, Gand; BRUXELLES, capitale, sur la Senne, à 320 kilomètres de Paris, qui renferme 185,000 habitants; Liége, Louvain, Anvers. — Je passe ensuite par la *Hollande* ou *Pays-Bas*, royaume dont la population est de 3,600,000 habitants. J'y trouve Rotterdam, La Haye, Leyde, AMSTERDAM, capitale, sur le Zuyderzée, à 600 kilomètres de Paris.

Je passe en *Danemark*, royaume qui renferme 1,800,000 habitants. Je vois les villes d'Odensée; COPENHAGUE, dans l'île de Seeland, capitale, à 1,080 kilomètres de Paris; Aalborg. — Je me dirige vers le nord, et j'arrive en *Norwège*. J'y remarque CHRISTIANIA, capitale, Bergen, Drontheim. Je passe en *Suède*, et j'y visite les villes de Gothembourg, Carlscrona; STOCKHOLM, port sur le lac Méler, capitale du royaume de Suède et de Norwège, à 1,320 kilomètres de Paris; Upsal. — La Suède et la Norwège renferment une population de 5,800,000 habitants, dont 4,000,000 pour la Suède, et 1,800,000 pour la Norwège.

Je fais voile vers l'empire de *Russie*, dont la population d'Europe est de 71,000,000 habitants. Je vois successivement les villes de Riga, Helsingfors; SAINT-PÉTERSBOURG, capitale, sur la Néva, à 2,320 kilomètres de Paris; Arkhangel, Moscou, Smolensk, Kazan, Wilna, Kiew, Astrakhan, Kherson, Odessa. J'entre dans la *Pologne*, qui appartient à la Russie. J'y visite la ville de Lublin; VARSOVIE, capitale, sur la Vistule, à 1,500 kilomètres de Paris; Plock, Kalisch.

J'entre dans l'empire d'Allemagne, qui renferme 41,000,000 d'habitants, et forme une confédération de 25 Etats, dont le principal, la *Prusse*, a une population de 24,000,000 d'habitants. Je visite dans ce royaume les villes de Posen, Thorn, Tilsit, Kœnigsberg, Danzig, Stettin, Stralsund, Kiel, Altona; BERLIN, capitale sur la Sprée, à 860 kilomètres de Paris; Potsdam, Francfort-sur-Oder, Breslau, Magdebourg, Cassel, Hanovre, Münster, Düsseldorf, Cologne, Aix-la-Chapelle, Coblentz, Francfort-sur-Mein. Je laisse à l'ouest le gouvernement d'Alsace-Lorraine, formé de conquêtes faites sur la France pendant la guerre de 1870-1871, et dont les principales villes annexées sont : Strasbourg, Metz, Colmar et Mulhouse. — Je traverse le *grand-duché de Bade*; sa population est de 1,400,000 habitants. Je passe par Manheim, Heidelberg; CARLSRUHE, capitale, au nord du duché, à 550 kilomètres de Paris; Constance. — Je passe dans le royaume de *Wurtemberg*, dont la population est de 1,800,000 habitants. J'y vois les villes de Tübingen, Ulm; STUTTGART, capitale, près du Necker, à 620 kilomètres de Paris; Ludwigsburg, Reutlingen. — J'entre dans le royaume de

Bavière, qui renferme 4,800,000 habitants. J'y visite la ville d'Augsbourg; MUNICH, capitale, sur l'Isar, à 820 kilomètres de Paris; Landau, Passau, Ratisbonne, Nuremberg, Spire et Vurzbourg. — Je vais en *Saxe*, royaume qui renferme 2,500,000 habitants. J'y remarque les villes de Leipzig, Bautzen, Meissen; DRESDE, capitale, sur l'Elbe, à 880 kilomètres de Paris; et Freyberg.

Je mets alors le pied sur le sol de l'Empire d'*Autriche-Hongrie*, qui renferme 36,000,000 d'habitants, dont environ 9 millions d'Allemands, 16 millions de Slaves, dont 5 de Polonais, 5 millions et demi de Hongrois ou Magyars, et 3 millions et demi de Roumains et d'Italiens.

J'y visite les villes de Prague; VIENNE, capitale, sur la rive droite du Danube, à 1,130 kilomètres de Paris; Presbourg, Cracovie, Lemberg, Bude, Pesth, Hermanstadt, Laybach, Trieste, Trente et Inspruck.

J'entre dans la *Suisse*, qui renferme 2,600,000 habitants; le gouvernement de ce pays est républicain. J'y vois les villes de Bâle, Zurich, Lucerne; BERNE, capitale; Neufchâtel, Fribourg, Lausanne, et Genève, la plus remarquable, sur le lac de ce nom, à 530 kilomètres de Paris.

J'arrive en *France*, qui renferme 36,500,000 habitants. J'y vais visiter Lyon; PARIS, capitale, sur La Seine, dont la population est de 1,800,000 habitants; Lille, Rouen, le Havre, Cherbourg, Brest, Nantes, La Rochelle, Bordeaux, Bayonne, Toulouse et Marseille.

Je passe alors en *Espagne*, pour me rendre en *Portugal*, royaume qui renferme 4,300,000 habitants. J'y remarque les villes de Bragance, Braga, Coïmbre, Porto; LISBONNE, capitale, port à l'embouchure du Tage, à 1,600 kilomètres de Paris; Evora, Sétubal et Lagos.

J'entre en *Espagne*, contrée qui renferme 16,500,000 habitants. J'y remarque les villes de Séville, Cadix, Malaga, Grenade, Cordoue, Tolède, Valence; MADRID, capitale, sur le Mançanarès, à 1,120 kilomètres de Paris ; Salamanque, Carthagène, Murcie, Pampelune, Barcelone, Saragosse.

Je repasse par la *France* du Sud, où je visite Pau, Foix, Toulouse, Perpignan, Montpellier, Avignon, Aix, Marseille, Toulon, Nice. Je me rends dans le royaume d'*Italie*, qui comprend 26,500,000 habitants. Je visite : Turin, Gênes, Milan, Crémone, Vérone, Venise, Parme, Modène, Lucques, Florence; ROME, capitale, sur le Tibre, à 24 kilomètres de la mer et à 1,200 kilomètres de Paris, et qui faisait, avant 1870, partie des Etats de l'Eglise; Bologne, Naples ; en Sicile : Messine et Palerme.

Je me rends dans la *Turquie* d'Europe, dont le souverain est appelé *Sultan*. Sa population est de 15,000,000 habitants, dont 4,000,000 seulement environ sont mahométans. J'y remarque les villes de Bosna-Séraï, Sophia, Gallipoli, Silistrie, Andrinople, et CONSTANTINOPLE, capitale, sur le détroit du même nom, à 2,600 kilomètres de Paris. — Je termine mon voyage en passant par la *Grèce*, dont le gouvernement est monarchique ; sa population est de 1,500,000 habitants. — J'y visite ATHÈNES, capitale, surnommée *le Gibraltar de l'Archipel* ; Nauplie, Patras ; Corfou et Zante, dans les îles Ioniennes.

II. — ASIE

563. Je pars de la *Russie asiatique* ou *Sibérie*, qui renferme environ 5,000,000 d'habitants, et dont les principales villes sont : TOBOLSK, capitale, sur l'Obi, à

2,800 kilomètres de Paris ; Tomsk, Irkoutsk, Kiachta, Okhotsk, Petropaulovsk.

Je quitte la Sibérie, et passe à l'est dans l'empire insulaire du *Japon*, comprenant quatre grandes îles principales, et renfermant une population de 33,000,000 d'habitants. J'y visite les villes de Yokohama, Osaka, Miako; JÉDO, capitale, dans l'île de Niphon, à 18,000 kilomètres de Paris ; et Nagasaki, dans l'île de Kiou-Siou.

J'entre dans la *Chine*, qui renferme 400,000,000 d'habitants. J'y remarque PÉKIN, capitale, située sur la frontière septentrionale ; Chang-Haï, Nankin, Canton, Macao et Hong-Kong. — Je traverse l'empire d'*Annam*, qui renferme 12,000,000 d'habitants, et je visite Hué, et KÉCHO, capitale, située au nord-est, à 11,000 kilomètres de Paris. — Je passe par le royaume de *Cambodge*, dont la capitale est PÉNOMBENG. — J'arrive dans la *Cochinchine* française, qui renferme un million d'habitants, et où je visite SAÏGON, la capitale, et Mytho ; et je laisse au sud Singapour, dans l'île du même nom. — J'entre dans le royaume de *Siam*, qui renferme 6,000,000 d'habitants, et je me rends à Siam, et à BANKOK, capitale. — Je parcours la presqu'île de *Malacca*, qui renferme 500,000 habitants; j'y remarque MALACCA, capitale, dont le territoire appartient aux Anglais.

Je vais dans l'empire *Birman*, qui renferme 6 millions d'habitants. J'y visite Ava et Amarapoura, situées sur l'Irawaddy et MANDALAY, capitale.

J'arrive dans l'*Hindoustan*, qui renferme 200,000,000 d'habitants. J'y remarque CALCUTTA, capitale, sur un bras occidental du Gange, à 120 kilomètres de la mer ; MADRAS, Mysore, Seringapatam, BOMBAY, Surate, Bénarès, Lucknow, Delhi, Lahore, Cachemire, célèbre par ses châles. — Les Français possèdent Chandernagor, au nord de Calcutta, Pondichéry, sur la côte de Coromandel, au sud de Madras et Mahé.

J'entre dans l'*Afghanistan* ou *Caboulistan*, qui renferme 6,000,000 d'habitants. J'y vois Candahar, Hérat, CABOUL, capitale. — Je traverse le *Béloutchistan*, qui renferme 2,000,000 d'habitants. J'y remarque KÉLAT, capitale, située sur une hauteur.

Je passe en *Arabie*, grande presqu'île qui contient 8,000,000 d'habitants. Je vois les villes de Mascate, Moka, Sana ; LA MECQUE, capitale, près de la mer Rouge ; et Médine.

J'entre dans la *Turquie d'Asie*, qui renferme 15 millions d'habitants. J'y visite Bagdad, Mossoul, dont les tissus légers ont pris le nom de mousseline, Jérusalem, Saint-Jean-d'Acre, Damas, Beyrout, Alep ; SMYRNE, capitale, port sur l'Archipel ; Brousse, Angora, Trébisonde, Erzeroum.

Je passe dans la *Perse*, qui contient 5,000,000 d'habitants, et j'y remarque Tauris ; TÉHÉRAN, capitale, située au sud de la mer Caspienne ; Ispahan, Chiraz, Hamadan, Kazbin, Méched. — J'entre dans la *Transcaucasie russe*, habitée par 2,500,000 habitants ; villes principales : TIFLIS, capitale de la Géorgie ; Erivan. — De là je vais dans la *Tartarie indépendante* ou *Turkestan*, qui contient 6,000,000 d'habitants. J'y visite successivement les villes de Khiva, Iltchi, Balk, Boukhara, Khokhan ; Samarkand, Tachkend, à la Russie. Ici, je termine mon voyage en Asie.

III. — AFRIQUE

564. Je pars d'Alexandrie, en Egypte ; je me dirige vers les *Etats Barbaresques,* et je vois : 1° dans la régence de *Tripoli,* qui contient 750,000 habitants, les villes de Ghadamès, Mourzouk, TRIPOLI, capitale, située sur la Méditerranée. — 2° Dans la régence de *Tunis,* qui contient 2,000,000 d'habitants : Gabès, Kairouan, TUNIS, capitale, située sur la Méditerranée, et Biserte. — 3° Dans l'*Algérie,* qui contient 3,000,000 d'habitants : *Constantine,* Bône, Philippeville, Djidjelli, Bougie, Sétif, Bathna ; ALGER, capitale, située sur la Méditerranée, à 1,644 kilomètres de Paris ; Dellys, Blidah, Cherchell, Milianah, Tenès ; *Oran,* Mostaganem, Arzew, Mascara, Tlemcem. — 4° Dans l'empire du *Maroc,* qui renferme 5,000,000 d'habitants : Tanger, Fez, Méquinez, Mogador, Tafilet, dans le pays des dattes ; MAROC, capitale, au nord-est de cet empire, près de l'Atlantique. Tétouan et Ceuta, en face de Gibraltar, appartiennent à l'Espagne.

Je traverse le *Sahara* ou Grand-Désert, immense contrée couverte de plaines sablonneuses, à l'exception de quelques emplacements favorisés d'eau et de verdure, qu'on nomme *oasis,* et qui sont seuls habités. Les principales oasis sont celle d'Asben, chez les Touaregs, où se trouve la ville d'Aghadès, et celle de Seggédem, chez les Tibbous, contenant la ville de Bilma. On ne peut traverser ces déserts qu'au moyen de caravanes qui les parcourent de temps à autre. — Je pénètre dans le *Soudan* ou *Nigritie,* qui renferme un grand nombre de peuples, et dont on évalue la population à plusieurs millions d'habitants. J'y remarque, de l'est à l'ouest, Kobbeh, centre du commerce de l'Egypte, Ouarah, Maséna, Yola, Kano, Sakatoa, TOMBOUCTOU, entrepôt du commerce du Soudan avec le Nord, Djenné, Ségo.

J'entre dans la *Sénégambie,* qui contient environ 700,000 habitants. J'y vois la colonie française du Sénégal, dont SAINT-LOUIS est la capitale, Dakar, qui en est le port le plus important, et l'île de Gorée. J'y distingue aussi Bathurst, principal établissement anglais dans l'île Sainte-Marie, à l'embouchure de la Gambie, et Cachéo qui appartient aux Portugais.

Je vais dans la *Guinée supérieure.* J'y visite la colonie anglaise de Sierra-Leone, chef-lieu : Freetown; Monrovia, dans la république nègre de Libéria ; Saint-Georges ou Elmina, aujourd'hui aux Anglais; Coumassie, chez les Achantis ; Calmina, Abomey, Whydah, sur le golfe de Guinée, dans le Dahomey ; Bénin, au sud-est du golfe de Sénégambie.

Je passe dans la *Guinée inférieure.* J'y vois Loango, San-Salvador, capitale du Congo, située au centre de ce pays ; Saint-Paul de Loanda, Saint-Philippe de Benguela, chefs-lieux des possessions portugaises.

Je me dirige alors vers la *Colonie du Cap,* possession anglaise située à l'extrémité méridionale de l'Afrique, et qui contient 600,000 habitants ; et je me rends à la ville du *Cap,* capitale, située au fond de la baie de la Table ; Port-Natal, sur la côte orientale. — Je remonte vers le nord, et j'arrive dans le *Mozambique,* vaste contrée en partie possédée par le Portugal, où je vois Tété, Sofala, MOZAMBIQUE, capitale, située dans une petite île du canal de Mozambique, Mossoril. — Je longe la côte de *Zanguebar*, et j'y traverse les villes de Quiloa, Mombaza, et Zanzibar, dans l'île de ce nom. — Je visite les côtes d'*Ajan* et d'*Adel*, ou pays des *Soumâlis* ; j'y vois Barbara, Zeila, située sur le golfe d'Aden, et Harrar, dans l'intérieur du pays.

J'arrive dans l'*Abyssinie*, dont on évalue la population à 4 millions et demi, et j'y vois Ankobar, Gondar, près du Lac [Dembéa ; Adoua et Axoum.— Je traverse la *Nubie*, dont la population, appartenant à divers Etats, est de 2 à 3 millions d'habitants. J'y visite Sennaar, au sud de ce pays, sur le Nil ; Chendy, Khartoum, et Derr. — J'arrive en *Egypte*, le dernier Etat d'Afrique que j'ai à visiter. Ce pays renferme 5,000,000 habitants. J'y remarque Assouan, Girgeh, Syout, **Le Caire**, capitale, située sur le Nil, dans la basse Egypte ; Damiette, Rosette, sur la Méditerranée. Je revois enfin Alexandrie, d'où je suis parti, après être allé admirer le canal de Suez, qui joint la Méditerranée à la mer Rouge.

IV. — AMÉRIQUE

AMÉRIQUE SEPTENTRIONALE

Je pars du territoire d'Alaska, autrefois Amérique russe, qui appartient aujourd'hui aux Etats-Unis, et ne renferme que 75,000 habitants. La seule ville qui attire mon attention est Nouvelle-Arkhangel, située dans l'île Sitka, à l'ouest de ce pays.— Je me rends de là dans le *Groënland*, habité par 10,000 Esquimaux, et qui appartient au Danemark, dont les principaux établissements sont : Julianshaab et Godthaab. — Je vais dans l'*Amérique anglaise*, qui a 4,000,000 habitants. J'y vois Saint-Jean, dans l'île de Terre-Neuve, Halifax, Frédérick-Town ; QUÉBEC, capitale du Canada, sur le Saint-Laurent, à 400 kil. de la mer, Montréal, Ottawa, Toronto. — J'arrive dans les *Etats-Unis*, qui possèdent 38,500,000 habitants. J'y visite les villes de Boston, New-York, Philadelphie ; WASHINGTON, capitale, sur le Potomac ; Baltimore, Cincinnati, Chicago, Buffalo, Saint-Louis, Nouvelle-Orléans, et San-Francisco.— Je me rends dans le *Mexique*, dont la population est de 9,000,000 d'habitants. J'y remarque Tampico, San-Luis de Potosi, Guadalajara, Guanajuato, Queretaro ; MEXICO, capitale, située au centre du pays, sur un plateau élevé, près des lacs de Tezcuco et de Chalco, 200,000 habitants ; Puebla, Acapulco, Vera-Cruz, Campêche et Merida. — Je traverse l'*Amérique centrale*, qui renferme cinq petites républiques indépendantes : 1° *Guatémala*, capitale Guatémala ; 2° *San-Salvador*, capitale San-Salvador ; 3° *Honduras*, capitale Comayagua ; 4° *Nicaragua*, capitale Managua ; villes principales : Léon, Nicaragua ; 5° *Costa-Rica*, capitale San-José.

AMÉRIQUE MÉRIDIONALE

Le premier Etat qui s'offre à ma vue dans l'Amérique méridionale est la *Colombie* ou Nouvelle-Grenade, qui renferme 2,800,000 habitants. J'y vois Panama, Carthagène, Sainte-Marthe, SANTA-FÉ DE BOGOTA, capitale, à l'ouest de ce pays.

Je passe dans la république de *Vénézuéla*, dont la population est de 1,500,000 habitants, et la capitale CARACAS ; — et de là, dans la république de l'*Equa-*

teur, dont la population est d'un million d'habitants, et la capitale QUITO ; on y remarque les villes de Guayaquil et Cuença.

J'entre alors dans le *Pérou*, qui renferme 3,000,000 d'habitants ; je remarque LIMA, capitale, sur le Rimac, près de laquelle est Callao, le port le plus considérable du Pérou ; Ayacucho, Cuzco et Aréquipa. — Dans le *Haut Pérou* ou *Bolivie*, qui contient 2,000,000 d'habitants, je visite LA PAZ, capitale ; Chuquisaca, Santa-Cruz de la Sierra, Sucre, Cochabamba et Potosi.

J'arrive dans le *Chili*, peuplé de 1,900,000 habitants. J'y vois Coquimbo. Valparaiso ; SANTIAGO, capitale, près du grand Océan ; San-Carlos (île Chiloé), la Concepcion et Valdivia.—Au sud-est du Chili se trouve un pays qu'on appelle *Araucanie* (pays de brigands) ; les habitants se nomment Aucas (libres) ou Moluches (guerriers). — Je laisse la *Patagonie*, pays peu connu, habité par des Indiens d'une taille très-élevée ; et j'entre dans la confédération *Argentine* ou de *la Plata*, dont la population s'élève à 2,000,000 d'habitants. J'y vois Cordova, BUÉNOS-AYRES, capitale, à l'embouchure de la Plata, Rosario, Santa-Fé. — Je passe dans le *Paraguay*, capitale ASSOMPTION ; — et dans l'*Uruguay*, capitale MONTÉVIDÉO ; —et mets alors le pied sur le sol de l'empire du *Brésil*, qui possède 11,000,000 d'habitants. J'y visite successivement les villes de Saint-Paul ; RIO-JANEIRO, capitale, port de l'Océan Atlantique ; Para ou Belen, San-Luis de Maranhao, San-Salvador ou Bahia, Pernambuco. — J'arrive dans la *Guyane*. Je vois : 1° Cayenne, dans une île du même nom, capitale de la *Guyane française*, qui renferme 25,000 habitants ; — 2° Paramaribo, capitale de la *Guyane hollandaise*, située sur le Surinam ; la Guyane hollandaise a 51,000 habitants.— 3° Georgetown, située sur le Démérara, capitale de la *Guyane anglaise,* qui renferme 150,000 habitants. — Ici se termine mon voyage, dans lequel j'ai visité tous les Etats de l'Amérique.

V. — OCÉANIE

Je commence mon voyage dans le monde maritime par la *Malaisie*. Je pars de Manille, capitale de l'île de Luçon, l'une des *Philippines*. Je remarque, dans cet archipel, les îles de Palawan, Mindoro et Mindanao. — Je me rends alors dans les *Moluques*, où je vois les îles Gilolo, Céram, Bouro et Amboine. — Je me dirige vers l'île de *Célèbes*, dont la ville principale est *Macassar*. — Je visite ensuite la grande île de *Bornéo,* qui renferme 4,000,000 d'habitants, et dont la ville la plus considérable est Bornéo. — Je vais aux îles de *la Sonde*, où je remarque Biliton, Banca, et surtout la grande île de Sumatra, dont les villes les plus considérables sont Padang et Achem ; ainsi que l'île de Java, qui renferme 12,000,000 d'habitants, capitale Batavia , villes principales Sourabaya, Samarang, Djokjakarta. Je laisse, à l'est, les îles de Madura, Bali, Sumbava, Sumba, Florès, Timor et Timor Laut.

Je quitte la Malaisie, et je me dirige vers la *Mélanésie*. J'y visite l'*Australie*, appelée d'abord *Nouvelle-Hollande*, où je vois, dans la province de Queensland, Brisbane ; dans la Nouvelle-Galles du Sud, Sydney, dont le port, appelé Port-Jackson, est le plus beau du monde, Paramata, Bathurst ; dans la colonie de Victoria, Melbourne, Ballarat, Geelong. — Je vois ensuite la *Tasmanie*, anciennement terre de *Van-Diémen*, villes principales Hobart-Town, Launceston ; la *Nouvelle-Calédonie*, dont la principale ville est Nouméa ; les *Nouvelles-Hébrides*, où je remarque les îles Saint-Esprit, Sandwich, Mallicolo ; — les îles *Viti* ou *Fidji*, dont les deux principales sont Fidji-Levou et Vanoua-Levou ; l'archipel de *Santa-Cruz* ; les îles *Salomon*, parmi lesquelles Isabelle et Bougainville ; — l'archipel de la *Louisiade*, où je remarque l'île d'Entrecasteaux ; — la *Nouvelle-Guinée* ou terre des *Papous* ; — l'archipel de la *Nouvelle-Bretagne*, où je remarque les îles de la Nouvelle-Bretagne, de la Nouvelle-Irlande, du Nouvel-Hanovre et les îles de l'Amirauté.

Je porte vers le Nord, et vois dans la *Polynésie septentrionale*, appelée aussi *Micronésie*, où je visite les îles *Pelew* ou *Palaos* ; — l'archipel de *Magellan* ou de *Bonin-Sima*, qui dépend du Japon ; — les îles *Mariannes* ou des *Larrons*, où je vois celles de Guam et de Tinian ; — les *Carolines*, parmi lesquelles je remarque les îles Oualon, Gouap et Lamourrek ; — les îles *Marshall*, et les îles *Gilbert* ; — Enfin, au Nord-Est, je vois le royaume des îles *Sandwich*, dont les plus considérables sont Hawaï et Oahu, qui renferme la capitale, Honolulu.

Je passe la ligne, et vais dans la *Polynésie méridionale :* j'y trouve les îles *Tonga* ou des *Amis* ; — les îles *Samoa* ou des *Navigateurs* ; — l'archipel de *Taïti* ou de la *Société*, où je remarque l'île de Taïti, capitale Papeïti ; cet archipel est sous le protectorat de la France, ainsi que les îles *Marquises*, dont la principale est Noukahiva, et les îles *Basses* ou *Tuamotu*. —

Je termine mon voyage par la plus considérable des îles de la Polynésie, la *Nouvelle-Zélande*, composée de deux grandes îles, l'île du Nord, où se trouve la capitale, Auckland, et l'île du Sud.

TABLEAU A FAIRE.

1re Colonne. Pays.
2e — Population.
3e — Capitale et situation.
4e — Distance.
5e — Villes principales.

TOUR DU MONDE

(SANS DÉTAILS)

I. — EUROPE

568. Je me trouve dans la ZONE GLACIALE DU NORD.

Je commence mon voyage par l'Europe, qui présente une longueur de 5.300 kilom. du nord-est au sud-ouest, de l'embouchure de la Kara au cap Saint-Vincent, et une largeur de 3,850 kilom. du nord au sud, du cap Nord au cap Matapan (en Morée).

Je pars de l'embouchure de la *Kara*, je traverse le détroit de Vaigatz, et, longeant les côtes septentrionales de la *Russie européenne*, je laisse à ma droite la *Nouvelle-Zemble*, et vais visiter *Arkhangel*, sur la mer Blanche, à l'embouchure de la *Dwina*.

Je quitte la mer Blanche, et j'entre dans l'*Océan Glacial arctique* ou du *Nord* ; je double le cap Nord, à l'extrémité septentrionale de la Laponie, qui se divise en *Laponie russe* et *Laponie suédoise*. Je laisse au nord l'île *Spitzberg* ; et, me portant au sud, je longe à ma gauche les îles de *Tromsen* et celles de *Loffoden*; j'évite le gouffre de *Maëlstrom*; et, en côtoyant la Norwège, je vois la province de *Norrland*, au sud de laquelle passe le cercle *polaire arctique*.

J'entre dans la ZONE TEMPÉRÉE DU NORD.

Je me trouve dans l'*Océan Atlantique*, qui forme la mer du Nord : je longe les provinces de *Drontheim*, de *Bergen*, en laissant à ma droite les îles du même nom, et de *Christiansand*; je double le cap *Lindesnœs*, au nord, je reconnais le Jutland au sud, et j'aborde à *Copenhague*, capitale du *Danemark*. Faisant ensuite voile pour la mer *Baltique*, je côtoie le sud et l'est de la *Suède*, capitale *Stockholm*, en laissant à ma droite les îles de Bornholm, d'Œland, de Gothland, d'Aland et, plus loin, l'archipel d'Abo, à l'entrée du golfe de Botnie, que je contourne, en remarquant les petites villes de Hernœsand, Uméa, Pitéa, Luléa, et enfin celle de Tornéa, sur la rivière de ce nom, au fond du golfe.

Je quitte les côtes de la Suède, pour redescendre vers le midi, en côtoyant la Finlande qui appartient à la *Russie*. Cet empire a, en Europe seulement, une étendue de 3,230 kilom. du nord au sud, et de 2,700 kilom. de l'est à l'ouest. J'entre dans le golfe de Finlande, au fond duquel je vois *Saint-Pétersbourg*, capitale de l'empire Russe, située sur la *Néva*, et défendue par le port fortifié de *Kronstadt*, dans l'île de Kotlin, et je côtoie successivement le gouvernement de *Saint-Pétersbourg*, où je remarque le port de *Narva*, et le gouvernement d'*Esthonie*, où est le port de *Revel*. Je sors du golfe de Finlande, et, laissant à ma droite l'archipel d'Abo, et à ma gauche les îles de Dago et d'Œsel, j'entre dans le golfe de Livonie ou de *Riga*, qui reçoit les eaux de la Dwina ; puis, côtoyant la Courlande, j'entre dans le golfe de Danzig, où débouchent le *Niémen* et la *Vistule*.

Je longe les côtes de l'*empire Allemand*, qui a pour noyau le royaume de *Prusse*, capitale *Berlin*, et mesure 1,200 kilom. de long, sur 900 de large. Je visite *Kœnigsberg* et *Danzig*, ports de la Prusse propre; *Koslin*, *Stettin*, à l'embouchure de l'*Oder*, et *Stralsund*, dans la Poméranie. Laissant à ma gauche l'embouchure de l'Oder, et les îles de Rugen (à la Prusse), de

Falster, de Laaland (au Danemark), je repasse le *Sund*; je revois *Copenhague*, dans l'île de Séeland. Je traverse le *Cattégat*, le *Skager-Rack;* j'entre dans la mer du *Nord*, et, après avoir fait le tour de la presqu'île de *Jutland* (Chersonèse cimbrique), je vois le *Sleswig-Holstein*, qui fait aujourd'hui partie de la Prusse, les embouchures de l'*Elbe*, du *Weser* et de l'*Ems*.

Après avoir longé le *Hanovre* (à la Prusse) et l'*Oldenbourg*, je me trouve en *Hollande*; je visite au nord la province de *Groningue*, capitale Groningue, et celle de *Frise*, capitale Leeuwarden.

La Hollande, ou royaume des *Pays-Bas*, dont la capitale est *La Haye*, a une longueur de 355 kilom. du nord au sud, et une largeur de 180 de l'est à l'ouest.

Je laisse à ma gauche le golfe de *Zuyderzée*, (lac Flévo), au fond duquel se trouve *Amsterdam*; je longe les côtes orientales des provinces de *Hollande* (Batavie) et de *Zélande*, où je vois les bouches du *Rhin*, de la *Meuse* et de l'*Escaut*.

Je puis remonter le cours de ce dernier fleuve jusqu'à *Anvers*, port principal de la *Belgique*, capitale *Bruxelles*, royaume qui a 300 kilomètres de long, sur 150 de large.

Je traverse la *mer du Nord*; j'arrive sur les côtes de l'*Angleterre* (Albion), comprenant la plus grande partie de l'île de Grande-Bretagne, laquelle compte plus de 900 kilomètres du sud au nord, et 500 de l'est à l'ouest. Je vois le comté de *Kent*, chef-lieu *Canterbury*; je remonte la *Tamise*, navigable pour les plus forts bâtiments jusqu'à *Londres*, chef-lieu du comté de *Middlesex* et capitale de tout le royaume uni de Grande-Bretagne et d'Irlande; je longe les comtés d'*Essex*, chef-lieu *Colchester* ; de *Suffolk*, chef-lieu *Ipswich* ; de *Norfolk*, chef-lieu *Norwich*, séparé par l'estuaire du *Wash* du comté de *Lincoln*, chef-lieu *Lincoln*, que l'embouchure de l'*Humber* sépare lui-même du comté d'*York*, chef-lieu *York*. Puis viennent le comté de *Durham*, chef-lieu *Durham* ; celui de *Northumberland*, chef-lieu *Newcastle*.

Je côtoie l'*Écosse* (Calédonie), capitale *Edimbourg*, sur le golfe de *Forth* ; j'entre dans le golfe de *Murray*, après avoir mouillé au port d'*Aberdeen*. Je passe le détroit de Pentland, entre le nord de l'Écosse et les îles Orcades ou Orkney, au nord desquelles se trouvent les îles Shetland. Je double le cap *Wrath* ; je passe entre l'Écosse et les Hébrides ou Western, laissant au loin à ma droite les îles Fœroé et, plus au nord, l'*Islande*, près du *Groënland*.

Je vais visiter l'île de *Staffa*, qui renferme la *Grotte de Fingal*. J'arrive en *Irlande* (Hibernie), après avoir vu le célèbre promontoire qu'on appelle *Chaussée des Géants* ; je fais le tour de l'île, en côtoyant successivement l'*Ulster*, villes principales : Londonderry et Belfast ; le *Connaught*, avec Galway ; le *Munster*, avec Cork ; le *Leinster*, avec *Dublin*, capitale de toute l'*Irlande*. J'entre dans la *mer d'Irlande*, où je vois les îles de *Man* et d'*Anglesey* ; je passe le canal de *Saint-Georges*, en laissant à ma gauche le canal de *Bristol*, au fond duquel la Saverne débouche ; je double les caps *Land's-end* et *Lizard*, après avoir laissé à ma droite les îles *Scilly* ou *Sorlingues*, et j'entre dans la *Manche* (mer Britannique). Je suis les côtes méridionales de l'Angleterre, et je visite successivement les comtés de *Cornwall*, de *Devon*, avec le port de *Plymouth*, de *Dorset*, de

Hamps, duquel dépendent les ports de *Southampton*, de *Portsmouth* et l'île de *Wight*; ceux de *Sussex*, avec *Brighton*, et de *Kent*, avec *Douvres*.

Je traverse le *pas de Calais* (détroit Gaulois), et j'arrive sur les côtes septentrionales de la *France* (Gaule), État qui a 980 kilomètres de longueur et 960 de largeur.

Je touche d'abord la *Flandre*, capitale *Lille* ; puis je longe la *Picardie*, capitale *Amiens*, sur la Somme, la *Normandie* (autrefois Neustrie), capitale *Rouen*, sur la Seine, et la *Bretagne* (Armorique), capitale *Rennes*, en laissant à ma droite les îles anglo-normandes d'*Aurigny*, de *Guernesey* et de *Jersey*. Je me dirige vers l'ouest, et je me trouve dans l'*océan Atlantique*.

Tournant au sud, je suis les côtes occidentales de la Bretagne, en visitant les îles d'*Ouessant*, de *Croix*, de *Belle-Ile* ; puis celles de *Noirmoutier*, au sud de l'embouchure de la *Loire*; d'*Yeu*, vis-à-vis du *Poitou*, capitale *Poitiers*; de *Ré*, vers la côte de l'*Aunis*, capitale *La Rochelle*; et d'*Oléron*, en face de la *Saintonge*, capitale *Saintes*. Je passe l'embouchure de la *Gironde*; je longe la *Guienne*, capitale *Bordeaux*, et la *Gascogne*, capitale *Auch*. Je visite l'embouchure de l'*Adour*, sur lequel se trouve *Bayonne*, au fond du golfe de *Gascogne*.

J'arrive sur les côtes septentrionales de l'*Espagne* (Ibérie, Hispanie, Hespérie). Cet État a 820 kilomètres de longueur sur 700 de largeur moyenne. Je longe la *Biscaye*, capitale *Bilbao* ; la *Vieille-Castille*, capitale *Burgos*; les *Asturies*, capitale *Oviédo* ; et la *Galice*, capitale *Santiago* ou *Saint-Jacques de Compostelle*. Je double dans cette province les caps *Ortégal* et *Finisterre* ; et, dépassant l'embouchure du

Minho, j'arrive sur les côtes du *Portugal* (Lusitanie).

Ce royaume a 550 kilomètres du nord au sud, et 175 de l'est à l'ouest. J'y côtoie les provinces d'*Entre-Douro-e-Minho*, capitale *Braga*, port principal *Porto*, à l'embouchure du *Douro*; de *Beira*, capitale *Coïmbre*; de l'*Estramadure*, avec *Lisbonne*, capitale de la province et du royaume, à l'embouchure du *Tage*; de l'*Alemtéjo*, capitale *Evora*; et des *Algarves*, capitale *Faro*, ville que je vois après avoir doublé le cap *Saint-Vincent*. Je longe le sud des Algarves, jusqu'à l'embouchure de la *Guadiana* (Anas). Là je me retrouve en Espagne, je côtoie la province d'*Andalousie*, capitale *Séville*; je remarque l'embouchure du *Guadalquivir* (Betis), au sud duquel est le port de *Cadix*. Je traverse le détroit de *Gibraltar* (anciennement les *Colonnes d'Hercule*).

J'entre alors dans la *Méditerranée* (autrefois appelée *mer Intérieure*), et je longe les provinces d'*Andalousie*, de *Grenade*, port principal *Malaga*, de *Murcie*, de *Valence* et de *Catalogne*, capitale *Barcelone*, en voyant successivement les embouchures de la *Segura*, du *Xucar*, du *Guadàlquivir* et de l'*Èbre*; je laisse à ma droite les îles *Baléares*, dont les principales sont *Majorque*, capitale *Palma*, et *Minorque*, capitale *Port-Mahon*.

Je double le cap *Creus*, et je me retrouve en France, j'y côtoie le *Roussillon*, capitale *Perpignan*; le *Languedoc*, capitale *Toulouse*, séparé par les Bouches-du-Rhône de la *Provence*, capitale *Aix*, ports principaux *Marseille* et *Toulon*, et dont dépendent les îles d'*Hyères*; puis l'ancien *comté de Nice*, ou *Alpes-Maritimes*.

J'entre dans le royaume d'*Italie*, qui présente 1,300

kilomètres de longueur, sur une largeur de 200 kilomètres, et dont la capitale est *Rome* sur le Tibre. Je côtoie les trois provinces formées de l'ancien duché de *Gênes*; celles de *Massa* et de *Lucques ;* l'ancien grand-duché de *Toscane*, capitale *Florence*, sur l'*Arno*. Je laisse à ma droite l'île d'*Elbe* et la *Sardaigne* qui appartiennent à l'Italie, et la *Corse*, à la France. Je longe les anciens *États de l'Église*, aujourd'hui province de Rome, puis l'ancien royaume de *Naples*, comprenant le territoire appelé autrefois *Grande-Grèce*. J'y vois *Capoue* et *Naples*, ancienne capitale, dans la *Terre-de-Labour* (Campanie), qu'arrosent le Garigliano et le Volturno. Sur le golfe de Naples, Castellamare, Portici, Pouzzoles, l'île d'Ischia, attirent mon attention, ainsi que le sommet volcanique du *Vésuve*. Je double le cap *Campanella* ou de Sorrente, près de l'île de Capri, et je côtoie la *Principauté citérieure*, chef-lieu Salerne, au sud de la *Principauté ultérieure*, chef-lieu Avellino. Je double le cap *Capri*, et visite les côtes des trois *Calabres*, chefs-lieux *Cosenza*, *Catanzaro* et *Reggio*.

Je passe devant le détroit de *Messine* ; je laisse à ma droite les îles d'*Éole* ou *Lipari* ; je fais le tour de la *Sicile* (Trinacrie), en m'arrêtant à *Palerme*, capitale de l'île, et en doublant les caps Boco et Passaro; je laisse au sud les îles de *Malte* et de *Gozzo*, qui appartiennent à l'Angleterre, et je visite *Syracuse* et *Catane*, au pied du redoutable volcan de l'*Etna*.

Je revois les trois *Calabres*, après avoir doublé le cap *Spartivento*, et j'entre dans le golfe de *Tarente*. Je longe la *Basilicate*, chef-lieu *Potenza*, et la terre d'*Otrante*. Doublant le cap *Leuca*, je traverse le canal d'*Otrante*, et je me trouve dans la mer *Adriatique*, où je côtoie l'ancienne *Pouille* (Apulie), chef-lieu *Bari ;*

la *Capitanate*, chef-lieu *Foggia*; le *Molise* (Samnium), chef-lieu *Campo-Basso*; les deux *Abruzzes*, chefs-lieux *Chieti* et *Aquila*. Je côtoie alors les *Marches*, villes principales *Fermo*, *Macerata*, *Ancône*, *Urbin* et *Pesaro*, près de laquelle on remarque la *république de Saint-Marin;* puis l'*Émilie*, où se trouvent *Ravenne*, *Ferrare*, *Bologne*, etc.

Passant devant les lagunes de *Comacchio*, près des bouches du Pô, je longe les côtes de la *Vénétie;* je laisse à ma gauche le *Pô*, l'*Adige*, la *Brenta* et les lagunes de son embouchure, sur lesquelles est bâtie la célèbre *Venise*, puis la *Piave* et le *Tagliamento*. Un peu au-delà de ce fleuve, j'atteins les terres de l'empire d'*Autriche-Hongrie*, capitale *Vienne ;* je côtoie l'*Istrie*, capitale *Trieste*, et la *Dalmatie*, capitale *Zara*, flanquée d'îles nombreuses.

J'atteins, peu après, les côtes de la *Turquie d'Europe* qui a 660 kilomètres du nord au sud, et environ 900 de l'est à l'ouest. J'y vois l'*Albanie*, capitale *Scutari* ; je longe ensuite le chapelet des îles *Ioniennes*, au nombre de sept, *Corfou*, *Paxo*, *Sainte-Maure*, *Ithaque*, *Céphalonie*, *Zante et Cérigo*, lesquelles s'étendent sur la côte occidentale du royaume de *Grèce*, capitale *Athènes* : ce royaume comprend l'*Hellade* et la *Morée* (autrefois *Péloponèse*), capitale *Tripolizza* (Mantinée).

Je fais voile dans l'*Archipel* (mer Égée), en laissant à ma droite l'île de *Candie* (Crète) ; j'y remarque les îles de *Naxo*, d'*Andros*, de *Négrepont* (Eubée), de *Lemnos*. J'entre, par le détroit des *Dardanelles* (Hellespont), dans la mer de *Marmara* (Propontide) ; puis dans la *mer Noire* (Pont-Euxin), par le détroit de *Constantinople* (Bosphore de Thrace), où se trouve la ville du même nom, capitale de l'*empire Ottoman*.

Je longe les côtes de la *Roumélie* jusqu'aux bouches du *Danube*, qui séparent la *Turquie* de la *Russie*; je longe la *Bessarabie*, l'embouchure du *Dniester* (Tyras), et du *Dniéper* (Borysthènes). Je fais le tour de la *Crimée* (Chersonèse Taurique) ; je passe le détroit de *Caffa* (Bosphore cimmérien), et j'arrive dans la mer d'*Azof* (Palus-Méotides), où se trouve l'embouchure du *Don* (Tanaïs); je repasse le détroit de Caffa, je longe les côtes occidentales de la mer Noire qui appartiennent aux provinces russes du Caucase, et les côtes méridionales qui font partie de la *Turquie d'Asie* (Asie Mineure). Repassant par les détroits de *Constantinople* et des *Dardanelles*, je visite successivement les îles de *Mételin* (Lesbos), de *Scio*, de *Samos* et de *Pathmos*, et, au sud de la Turquie d'Asie, les îles de *Rhodes* et de *Chypre*.

J'arrive au nord de l'AFRIQUE (Libye).

AFRIQUE

Cette partie du monde a 7,800 kilomètres du nord au sud, du cap *Bon* au cap des *Aiguilles;* et 7,300 kilomètres de l'est à l'ouest, du cap *Guardafui* au cap *Vert*.

Je côtoie l'*Égypte*, arrosée par le *Nil*, capitale *Le Caire*; *Tripoli*, *Tunis* ; l'*Algérie*, capitale *Alger*, à la France; et le *Maroc*. Passant une seconde fois le détroit de *Gibraltar*, j'entre dans l'*Océan Atlantique*, et je continue à côtoyer l'empire du Maroc, en laissant à ma droite les îles *Açores*, *Madère*, et les *Canaries* (îles Fortunées).

Au sud de ces îles, j'entre dans la ZONE TORRIDE, et je longe le *Sahara* ou *Grand Désert*, avec les îles du *Cap-Vert* au large; la *Sénégambie*, qui prend son nom des fleuves *Sénégal* et *Gambie* qui l'arrosent; la *Guinée supérieure* et *inférieure*. Je laisse à ma droite les îles *Fernando-Po*, du *Prince*, de *Saint-Thomas*, d'*Annobon*, dans le voisinage de l'équateur, que je traverse ; et, bien au large, celles de l'*Ascension*, et de *Sainte-Hélène*, à 500 lieues de la côte.

Puis, portant à l'ouest, j'entre dans la ZONE TEMPÉRÉE DU SUD;

Et j'arrive dans l'AMÉRIQUE ou *Nouveau-Monde*.

AMÉRIQUE

L'Amérique septentrionale a 8,000 kilomètres du nord au sud, 6,400 de l'est à l'ouest.

L'Amérique méridionale a 7,500 kilomètres du nord au sud, 5,000 de l'ouest à l'est.

J'aborde au *Brésil*, près de *Rio-de-Janeiro*, capitale de l'empire, et, me portant au sud, j'en longe les côtes, ainsi que celles de l'*Uruguay*, capitale *Montevideo*, de la *République Argentine*, capitale *Buenos-Ayres*, et la côte orientale de la *Patagonie*, en laissant à ma gauche les îles *Malouines* ou *Falkland*. Je double le cap *Horn*, au sud de la *Terre de Feu*. Je longe les côtes occidentales de la *Patagonie*; le *Chili*, capitale *Santiago*, port principal *Valparaiso*, en laissant à ma gauche l'île *Juan-Fernandez*; la *Bolivie*, capitale *Sucre*; le *Pérou*, capitale *Lima*, l'*Équateur*, capitale *Quito*, sous la ligne équinoxiale que je traverse de nouveau ; et la *Colombie*, capitale *Bogota*, port principal *Panama*. Puis, portant à l'ouest, je trouve les îles *Gallapagos* ou des *Tortues*, sous l'équateur.

Je me dirige alors vers l'OCÉANIE ou *Monde maritime*.

OCÉANIE

L'Océanie a 12,000 kilomètres du nord au sud, et 17,000 de l'est à l'ouest; mais la plus grande partie de cette vaste étendue est occupée par les eaux.

Parcourant d'abord la *Polynésie*, je visite l'île de *Pâques*, puis les îles *Gambier*, les îles *Marquises*, les îles *Tua-Motou*, et les îles de la *Société*, possessions françaises. Laissant au sud l'archipel des *Navigateurs*, celui des *Amis* et celui de *Fidji*, je repasse l'équateur, et je vais visiter les îles *Sandwich*, sous le tropique du Cancer: j'y remarque *Hawaii*, où fut assassiné le capitaine Cook en 1779.

Je porte au sud; je repasse l'équateur, et, laissant à ma droite les îles *Marshall, Malgrave*, l'archipel de la *Reine-Charlotte*, je visite celui du *Saint-Esprit*, les *Nouvelles-Hébrides*, la *Nouvelle-Calédonie*, possession française, l'archipel *Salomon*, la terre des *Papous* ou *Nouvelle-Guinée*. Je longe la côte orientale de la Nouvelle-Hollande ou *Australie*, riche possession anglaise, qui a pour villes principales *Sydney* et *Melbourne*. Laissant au loin à ma gauche la *Nouvelle-Zélande*, au sud de laquelle se trouvent les antipodes de Paris, je traverse le détroit de Bass, entre la *Tasmanie* ou terre de Van-Diémen et l'Australie, dont je longe les côtes méridionales; puis, me dirigeant au nord, je visite la *Malaisie*, c'est-à-dire les *Moluques*, les îles de la *Sonde*, *Bornéo*, *Célèbes*, les *Philippines*; et, allant reconnaître le vaste archipel du *Japon*, je rentre dans l'Ancien Monde par l'Asie.

ASIE

L'Asie a 10,630 kilomètres du nord-est au sud-ouest, 8,500 du nord au sud.

Je redescends au sud, en suivant les côtes de la *Chine*, capitale *Péking*, et je remarque les embouchures du *fleuve Jaune* et du *fleuve Bleu*; je longe ensuite la presqu'île orientale des Indes ou *Indo-Chine*. Je vois l'embouchure du *Mékong* ou rivière de *Cambodge*, qui arrose la colonie française de *Cochinchine*, capitale *Saïgon;* je contourne la presqu'île de *Malacca*, en traversant le détroit de ce nom; je remonte jusqu'aux bouches du *Gange*, dans l'*Hindoustan*, où je remarque *Calcutta*, et dont je longe la côte orientale jusqu'à l'île de *Ceylan* (Taprobane). Portant au sud de l'équateur, je visite les *Seychelles*, les îles *Mascareignes*, c'est-à-dire *Maurice* (île de France), *La Réunion* (Bourbon) et *Rodrigue*; l'île de *Madagascar*. Je double le cap des *Aiguilles* et celui de *Bonne-Espérance*, au sud de l'Afrique, et j'aborde de nouveau à l'île de *Sainte-Hélène*, après avoir fait le tour du Monde.

TABLEAU A FAIRE.

RÉCAPITULATION.

1re Colonne Les contrées.
2e — Les capitales.
3e — Les villes principales.
4e — Les caps.
5e — Les isthmes.
6e — Les presqu'îles.
7e — Les îles,
8e — Les océans.
9e — Les mers intérieures.
10e — Les golfes.
11e — Les baies.
12e — Les détroits.
13e — Les fleuves et rivières.

On fera connaître à l'élève la *nomenclature géographique*, et l'on tiendra à la définition du *mot* et de la *chose*.

OBSERVATION

A mesure que l'élève fait son tour du monde, il sera nécessaire qu'il dise le précis historique de chaque pays, et, pour cela, il aura recours à nos *Esquisses historiques*, première partie. (Voir *le Rapport.*)

IV

POSSESSIONS ÉTRANGÈRES

DES ÉTATS EUROPÉENS.

ANGLETERRE

Outre les îles Britanniques, l'Angleterre possède :

En *Europe* : le groupe des îles Anglo-Normandes (*Aurigny*, *Jersey* et *Guernesey*), l'île d'*Helgoland*, à l'embouchure de l'Elbe ; *Gibraltar*, sur le détroit de ce nom; les îles de *Malte* et de *Gozzo*. Population : 300,000 habitants.

En *Asie* : la plus grande partie de l'*Hindoustan*, l'île de *Ceylan*, quelques provinces de la *Birmanie*, *Malacca*, et les îles *Penang* et *Singapour*. Ces immenses possessions sont peuplées d'environ 193,000,000 d'habitants; elles forment l'empire anglo-indien, divisé en quatre présidences : *Calcutta*, *Agra*, *Madras* et *Bombay*, subdivisées en provinces et en districts ; — *Aden* et l'île de *Périm* en Arabie; *Hong-Kong* en Chine.

En *Afrique* : les établissements de la *Gambie*, chef-lieu Bathurst; de *Sierra-Leone*, chef-lieu *Freetown*; du cap *Coast-Castle* et de *Lagos*, en Guinée ; le gouvernement du *Cap de Bonne-Espérance*, et celui de *Natal*; l'île de *Sainte-Hélène* et celle de l'*Ascension* dans l'océan Atlantique; l'île *Rodrigue*, l'île *Maurice* ou de *France*, capitale *Port-Louis*, et les *Seychelles*, dans la mer des Indes. (1,890,000 habitants.)

Dans l'*Amérique septentrionale* : le *dominion du Canada*, capitales *Ottawa* et *Québec*, comprenant, en outre, le *Nouveau-Brunswick*, l'*Acadie* ou *Nouvelle-Écosse*, la *Colombie britannique* et les pays de la baie d'*Hudson* ; *Terre-Neuve* et l'île du *Prince-Edouard*; les îles *Bermudes* et les *Lucayes ;* la *Jamaïque*, l'une des grandes Antilles ; la plupart des petites Antilles, dont les principales sont : les îles *Vierges, Saint-Christophe*, la *Barbade*, *Antigoa*, la *Dominique*, *Sainte-Lucie*, *Saint-Vincent*, la *Grenade*, la *Barboude*, *Tabago* et la *Trinité* ; le *Honduras* britannique : — en tout, 5,000,000 habitants.

Dans l'*Amérique méridionale :* la *Guyane anglaise*, capitale *Georgetown*, et les îles *Falkland* ou *Malouines*: — 150,000 habitants.

En *Océanie :* l'*Australie*, comprenant elle-même cinq colonies : *Nouvelle-Galles du Sud*, cap. *Sydney*; *Victoria*, cap. *Melbourne; Queensland*, cap. *Brisbane; Australie méridionale*, cap. *Adelaïde* ; *Australie occidentale*, cap. *Perth ;* — La *Tasmanie*, cap. *Hobart-Town*; la *Nouvelle-Zélande*, cap. *Auckland* ; l'île de *Labuan* près Bornéo. — En tout, 1,950,000 habitants.

DANEMARK

Le Danemark possède :

En *Europe :* l'*Islande* et les îles *Fœroé*, au nombre de dix-sept, dans l'océan Atlantique, au nord des îles Britanniques. — 50,000 habitants.

En *Amérique :* le *Groënland* ; et dans les îles *Vierges*, groupe des petites Antilles, les trois petites îles de *Saint-Thomas*, chef-lieu *Charlotte-Amalia*, de *Saint-Jean* et de *Sainte-Croix*, chef-lieu *Christianstadt*. — 120,000 habitants.

SUÈDE

La Suède possède :

En *Amérique* : l'île de *Saint-Barthélemy*, dans les petites Antilles, au nord de *Saint-Christophe*. La capitale est *Gustavia*, port franc : 20,000 habitants.

RUSSIE

La Russie possède:

En *Asie :* les provinces Transcaucasiennes, au sud du Caucase (la *Géorgie*, le *Chirvan*, l'*Iméréthie* et l'*Abascie*), chef-lieu *Tiflis ;* la *Sibérie*, divisée en cinq gouvernements: *Tobolsk*, *Tomsk*, *Iénisséisk*, *Irkoutsk* et *Yakoutsk*, et trois provinces: l'*Amour*, le *Littoral* (de l'océan Pacifique), et la *Transbaïkalie*; — le *Turkestan russe*, villes principales *Tachkend* et *Samarkand* ; et le pays des Kirghiz. — En tout, 9,000,000 habitants.

FRANCE

La France possède:

En *Asie* : dans l'Hindoustan, *Pondichéry*, *Mahé*, *Karikal*, *Yanaon*, *Ganjam* et *Chandernagor*, qui ont ensemble une superficie de 510 kilomètres carrés, et une population de 220,000 habitants ; — la Basse-Cochinchine (56,000 kilomètres carrés et 1,000,000 d'habitants), cap. *Saïgon*.

En *Afrique :* l'*Algérie*, partagée en trois départements : *Alger*, *Oran* et *Constantine*. Les villes principales sont, en outre, Blidah, Mers-el-Kébir, Tlemcen, Bône, Philippeville, Mostaganem. La population de l'Algérie est de 2,500,000 hab., dont deux cent mille

Européens. — Le *Sénégal* (150,000 habitants), partagé en trois arrondissements, *Saint-Louis*, Bakel et *Gorée*; les établissements de Guinée (Assinie, le Gabon, etc.); —enfin, dans la *mer des Indes*, l'île de la *Réunion*, ancienne île Bourbon (182,000 habitants), capitale *Saint-Denis*; les îles *Mayotte* et *Nossi-Bé*, et *Sainte-Marie-de-Madagascar*.

En *Amérique* : les îles *Saint-Pierre* et *Miquelon* (5,000 habitants), dans le golfe Saint-Laurent, près de Terre-Neuve.— Dans les Antilles, la *Martinique* (155,000 habitants), capitale *Fort-de-France*; la *Guadeloupe*, avec *Marie-Galande*, la *Desirade*, le groupe des *Saintes*, une partie de l'île *Saint-Martin*, qui ont ensemble 140,000 habitants : capitale la *Basse-Terre*.—La *Guyane française*, chef-lieu *Cayenne*, avec 20,000 habitants.

Dans l'*Océanie* : la *Nouvelle-Calédonie*, grande île de 17,000 kilomètres carrés, qui comprend, avec les îles *Loyalty*, 100,000 habitants, dont 15,000 Européens : chef-lieu *Nouméa*; les îles *Marquises* ou Nouka-Hiva, dont la population s'élève à 20,000 habitants. De plus, le protectorat des îles de *Taïti* ou archipel de la Société, des îles *Gambier*, et de l'archipel *Pomotou* ou Tua-Motou.

HOLLANDE OU PAYS-BAS

La Hollande possède :

En *Amérique* : la *Guyane hollandaise*, capitale *Paramaribo*, sur le fleuve Surinam; la partie sud-est de l'île *Saint-Martin*, *Saba* et *Saint-Eustache*, au nord des petites Antilles; *Curaçao*, *Bonair*, *Aruba*, au sud des petites Antilles.

En *Océanie* : *Bencoulen*, *Palembang*, *Padang* et une partie du royaume de *Menang-kabaw*, dans l'île de *Sumatra*; *Rhio*, *Billiton* et *Banca*, près de Sumatra; à *Bornéo*, les États de *Mumpawa*, *Pontianak*, *Matan*, *Lukadana*, *Sambas*, sur la côte occidentale, et *Bandjermassing*, sur la côte sud; une grande partie de *Célèbes*, *Macassar*, *Menado*, etc.; l'île de *Java*, capitale *Batavia*, villes principales *Bantam* et *Chéribon*; l'île de *Madoura*; la partie occidentale de *Timor*; une grande partie des *Moluques*: *Amboine*, *Banda* et le groupe de *Ternate*. — La population des colonies hollandaises dépasse 23,000,000 habitants.

AUTRICHE

Les possessions non continentales de l'Autriche se bornent aux îles *Illyriennes*, dans la mer Adriatique. Les principales sont : *Veglia*, *Cherso*, *Pago*, *Lunga*, *Lissa*, *Brazza*, *Lezina*, *Curzola* et *Meleda*.

ALLEMAGNE

L'Allemagne possède dans la mer Baltique quelques îles, *Rugen*, capitale *Bergen*, *Usedom*, *Wollin*.

Elle a conquis sur la France, en 1870-71, l'Alsace et une partie de la Lorraine.

PORTUGAL

Le Portugal possède :

En *Asie* : les villes de *Salcette*, *Bardez*, *Damaun*, *Diu*, *Goa* et *Pandjim* (*Villa-Nova de Goa*), dans l'Hindoustan, et la presqu'île de *Macao*, en Chine.

En *Afrique* : les îles *Açores*, les îles de *Madère*, les îles du *Cap Vert*, les îles *Bissagos*, avec *Géba* et *Cacheo* en Sénégambie; l'île de *Saint-Thomas*, dans le golfe de Guinée; l'*Angola*, le *Benguéla* et une partie du *Congo*, dans la Guinée méridionale; le *Mozambique*, le *Monomotapa*, et des établissements sur la côte de *Zanguebar*. L'Afrique portugaise est partagée en cinq gouvernements : *Madère*, *Cap-Vert*, *Saint-Thomas*, *Angola*, *Mozambique*.

En *Océanie* : la partie orientale de *Timor* et *Kambing*, dans les Moluques : les tribus indigènes, dites des *Bellos*, sont vassales des Portugais ; les autres dépendent des Hollandais. — Population totale des colonies, 4,800,000 habitants.

ESPAGNE

En *Afrique* : les *Présides*, sur la côte du Maroc, c'est-à-dire *Ceuta* et les places fortes de *Tetuan*, *Penon-de-Velez*, *Alhucemas* et *Melilla;* les îles *Canaries*, capitale *Santa-Cruz;* les îles du *Prince* et d'*Annobon*, dans le golfe de Guinée.

En *Amérique* : l'île de *Cuba*, capitale *La Havane*, et celle de *Porto-Rico:* deux des Grandes Antilles.

En *Océanie* : la capitainerie-générale des *Philippines*, comprenant : *Luçon*, capitale *Manille*, les *Bissayes*, les îles *Baschées* et *Babuyanes*; une partie de *Mindanao* et les îles *Mariannes*.

Population totale : 6,500,000 habitants.

C'est tout ce qui reste à l'Espagne, qui a découvert et possédé le Nouveau-Monde.

TURQUIE D'EUROPE

La Turquie possède :

En *Asie* : la *Turquie d'Asie* ou *Anatolie*, 11 millions d'habitants; l'*Arménie* et le *Kurdistan*, 2 millions; la province de *Cham* ou *Syric*, 3 millions; l'*Arabie* occidentale, 1 million.

En *Afrique*, où ses possessions ne sont que des États tributaires : l'*Égypte*, 8 millions d'habitants ; *Tripoli*, 800,000 habitants; *Tunis*, 1 million d'habitants.

V

TOUR DU MONDE AVEC QUELQUES DÉVELOPPEMENTS

EUROPE

Je commence mon voyage par l'*Europe septentrionale*.

L'Europe n'est pas la partie du monde la plus riche par sa nature, mais elle l'est devenue par le travail et l'industrie de l'homme. Elle est presque entièrement comprise dans la *zone tempérée du nord*. Cependant, la situation respective des diverses contrées, l'influence de l'Océan, la direction des vents produisent des climats très-divers. Au nord, un froid rigoureux paralyse toute végétation ; au sud, une chaleur presque africaine permet au palmier de pousser près d'Alicante, et au cotonnier de réussir en Sicile.

Du reste, l'Europe présente au voyageur les spectacles les plus variés : ici les sites imposants des régions alpestres et pyrénéennes, les riants paysages de la France et des Iles-Britanniques, les plaines fertiles du nord de l'Italie, les côtes pittoresques et accidentées de l'Océan et de la Méditerranée ; là les steppes glacés de la Russie, les landes stériles de l'Allemagne du Nord et de la Gascogne.

Le contour maritime de l'Europe est en général très-découpé par des mers extérieures et des golfes qui facilitent et entretiennent ses communications avec le reste du monde. La *superficie de l'Europe* est de 10,187,000 kilomètres carrés, et sa population est de 300,000,000 d'habitants.

Je me trouve au nord de la Russie.

Les parties septentrionales de ce vaste empire éprouvent toutes les rigueurs d'un climat glacial : en hiver, le soleil est plusieurs mois sans paraître sur l'horizon, et dans les mois de juin et de juillet, il ne se couche point. Les provinces méridionales jouissent d'un climat relativement doux et agréable.

La Russie offre beaucoup de plaines et de forêts d'une immense étendue. Elle n'a de montagnes considérables qu'à sa frontière orientale, les monts Ourals, et à son extrémité sud-est, le mont Caucase.

Les contrées qui avoisinent la mer Blanche et la mer Glaciale sont peu fertiles : elles sont marécageuses et presque toujours couvertes de neiges et de glace. Sur les rives du Volga et dans toute la partie méridionale, les campagnes sont en général belles et riches : elles produisent surtout en grande abondance du froment, du chanvre, du tabac et d'excellents fruits.

La Russie fournit du bois de construction, du cuivre, du fer, de l'or, du platine, du sel et du marbre.

On y trouve l'ours blanc, le loup, le lynx, l'élan, le renne, qui fournissent de magnifiques fourrures ; des moutons et des chevaux estimés. Dans le sud-est, on rencontre fréquemment le sanglier.

Après l'empire Britannique, plus étendu, mais dont le territoire n'est pas compact, l'empire Russe est le plus vaste qui ait jamais existé; il comprend plus de la moitié de l'Europe, dont il réunit tout les climats et toutes les productions.

Je m'embarque à *Arkhangel*, sur la *mer Blanche*, à l'embouchure de la *Dwina*.

Ce port fait un commerce important de fourrures.

Je sors de la mer Blanche formée par l'océan Glacial, en laissant à ma droite le cap *Kanin*, l'île *Kalgouef*, et, plus à l'est, la *Nouvelle-Zemble*, composée de deux îles, et qui n'est qu'une plaine gelée, marécageuse, avec quelques lacs salés; les Russes s'y rendent pour la pêche de la morue.

Je côtoie le nord de la *Laponie*, région naturelle, divisée politiquement en trois parties : la *Laponie russe* à l'est, la *Laponie suédoise* au milieu, et la *Laponie norwégienne* à l'ouest.

La Laponie est un pays très-froid. On y a au nord trois mois de nuit et trois mois de jour. Il n'y a ni printemps ni automne ; il y pleut rarement en été ; et durant l'hiver, la terre est couverte de neige. Le ciel est ordinairement serein, l'air sain. La partie méridionale produit quelques fleurs, des graines, de bons pâturages. Les animaux sont l'ours, l'hermine, le loup, etc. ; mais les plus utiles sont les rennes. Le principal commerce consiste en poissons, fourrures, fromages.

Les Lapons sont petits, hauts de quatre pieds et demi au plus, cependant fort agiles ; ils vivent de poissons desséchés et d'huile de baleine.

Je double le cap *Nord*, à l'extrémité la plus septentrionale de la Laponie, en laissant au nord l'île *aux-Ours* (Bären), le *Spitzberg*, près duquel sont l'*Ile-Nord-Est*, la terre *François-Joseph* et d'autres terres, vues en 1707 et en 1873 ; et, portant au sud, je longe les côtes de la NORWÉGE, dont le nom signifie *Chemin du Nord* et qui est unie politiquement à la Suède.

La NORWÉGE est couverte d'immenses forêts, où croissent le pin, le sapin, l'orme, le frêne, l'if. On pêche sur les côtes beaucoup de baleines et de harengs ; elle fournit abondamment l'huile de poisson, les cuirs, les fourrures ; elle a des mines d'argent, de cuivre, de fer, etc., et des bois de construction.

Je laisse à ma gauche les îles *Tromsoe* et *Loffoden*, en évitant le gouffre de *Maelstrom*, tourbillon de 100 kilomètres de circonférence environ, dangereux pour les vaisseaux qui s'en approchent.

Au sud de la grande région du *Norrland*, je passe le *cercle polaire arctique*, et j'entre dans la zone tempérée du nord.

Je côtoie les provinces de *Drontheim*, capitale *Drontheim* : c'est dans sa cathédrale que sont couronnés les rois de Norwége ; — de *Berghen*, capitale *Berghen* : on y tient dans l'hiver des foires aux flambeaux, malgré le froid et l'obscurité. Je visite *Christiansand*, port excellent, dans la partie méridionale.

J'entre dans le *Skager-Rack*, laissant à ma gauche l'*Aggerhuus*, capitale *Christiania* (60,000 habitants). Cette ville est située dans la baie d'*Anslo*, au fond du golfe auquel elle donne son nom : c'est la capitale de la Norwége ; on y porte des vins, des eaux-de-vie, des huiles, et l'on en tire des bois de construction.

J'entre dans le *Cattégat*, détroit entre la Suède et le Danemark, important pour le commerce, mais d'une navigation très-difficile par ses courants rapides et ses écueils; il a une longueur moyenne de 200 kilomètres sur une largeur de 50. J'y remarque, à l'est en entrant, le port de *Gothembourg*, situé dans un pays de landes et de rochers, mais où il se fait un commerce considérable; c'est la deuxième ville de Suède.

Plus loin s'ouvrent trois détroits : 1° le *petit Belt*, entre l'île de *Fionie* et la côte orientale du Jutland : il a, dans sa partie la plus resserrée, à peine 1 kilomètre de largeur ; — 2° le *grand Belt*, entre l'île de *Fionie* et l'île de *Séeland* : il se termine vers les îles *Langeland* et *Laland* ; sa longueur est de 80 kilomètres, et sa plus grande largeur de 32; — 3° le *Sund*, entre *Helsingborg*, en Suède, et *Elseneur*, en Danemark, au nord de l'île Séeland: il a de 4 à 25 kilomètres de large. C'est la clé de la Baltique: les vaisseaux qui le traversent sont obligés de passer sous le canon du fort de Kronborg. Les Anglais l'ont forcé en 1801 et 1807, malgré le feu des batteries danoises. On se rend d'*Helsingborg* à *Elseneur* dans des barques découvertes, qui vont successivement à la rame et à la voile, ou sur des bateaux à vapeur.

Je vais visiter *Copenhague*, capitale du DANEMARK.

Le DANEMARK est en général un pays agreste et fertile : il fournit beaucoup d'orge, de seigle, de froment, de sarrasin, des pommes de terre et des légumes. On en tire des bois de construction, du goudron, des pelleteries, d'excellents chevaux. Le sol renferme de la houille et de la tourbe.

Le climat de ce pays est humide et tempéré ; cependant l'hiver y est souvent très-rigoureux, et la mer longtemps couverte de glace.

Copenhague (170,000 habitants) est bâtie dans l'île de Séeland : c'est une ville fortifiée par la nature et par l'art; elle a un port magnifique et excellent, pouvant contenir plus de 500 vaisseaux, dont chacun a un magasin particulier près du lieu où il est ancré. On y remarque l'Observatoire, dans la tour duquel on peut monter en voiture; la Bourse, édifice gothique; la place de la parade, ornée de plusieurs statues. Le commerce de cette ville embrasse la moitié de celui de tout le Danemark.

Je fais voile vers le sud, et je me trouve dans la *mer Baltique* (sinus Codanus), sur les côtes méridionales de la SUÈDE.

L'aspect de la SUÈDE est le même que celui de la Norwége. Ses montagnes pittoresques sont d'une grande hauteur et constamment couvertes de glace et de neige. Les rivières roulent des eaux limpides. De nombreuses cataractes, de grands lacs parsemés d'îles, de vastes forêts, des roches énormes font de la Suède un pays riche en scènes variées. En Suède, l'hiver dure neuf mois : il est très-rigoureux vers le nord-est et le nord. L'été est très-chaud. Le sol est peu fertile, excepté au sud, où poussent les céréales et les légumes ; on y trouve du reste les mêmes productions qu'en Norwége.

La Suède, malgré son ciel rigoureux, s'est placée, par la science et l'industrie, dans les premiers rangs des nations modernes.

Je m'arrête d'abord à *Carlscrona*, principal port de la marine militaire de la Suède. Je traverse, entre la Suède et l'île d'*Oland*, le détroit de Calmar, sur lequel se trouve la ville de *Calmar*, célèbre par l'acte d'union des trois couronnes de Suède, de Norwége et de Danemark, en 1397, sur la tête de Marguerite de Waldemar. Gustave Wasa y débarqua en 1520, pour délivrer sa patrie du joug de l'étranger. En 1800, Calmar éprouva un terrible incendie.

Je laisse à ma droite l'île de *Gothland*, dont la capitale est *Wisby*, et j'arrive à *Stockholm* (140,000 habitants), capitale de la Suède, à l'entrée et sur plusieurs îles du lac Mélar. Cette ville a un bon port et des manufactures considérables; c'est le centre du commerce de tout le royaume. Ses maisons sont presque toutes en bois; cependant il y a de vieux édifices, comme le palais de la noblesse, celui du premier chancelier, et plusieurs autres dans le faubourg appelé *Sud-Malm*. Parmi les monuments remarquables, ceux qu'on a élevés à la mémoire de Descartes et à celle de Linné frappent l'attention. Les environs de Stockholm peuvent, à part le climat, rivaliser avec ceux de Naples, pour la beauté des sites.

Au nord se trouve la ville d'*Upsal*, célèbre par son archevêché, son observatoire et son université, où Linné fut professeur. Les maisons des particuliers sont la plupart en bois et peintes en rouge. C'est dans cette ville que les anciens rois faisaient leur résidence. Les Suédois y placent leur premier méridien.

Je continue de longer les côtes, partout très-découpées et d'un aspect dur et sauvage, en faisant le tour du *golfe de Bothnie*, qui abonde en phoques, et gèle tous les hivers.

A partir de l'embouchure de la *Tornéa*, qui se jette au fond du golfe, j'atteins de nouveau les côtes de l'EMPIRE RUSSE, à commencer par le grand-duché de *Finlande*, couvert de marécages et de lacs; ses forêts fournissent du goudron, de la résine et des bois de construction. *Helsingfors*, port de mer très-commerçant,

en est la capitale, depuis l'incendie d'*Abo* en 1827.

Je laisse à ma droite l'archipel d'*Aland*, où est la forteresse de *Bomarsund*, prise par la flotte anglo-française en 1854.

J'entre dans le *golfe de Finlande*, au fond duquel se trouve *Saint-Pétersbourg* (667,000 hab.), ville bâtie en 1703, en l'honneur de saint Pierre, par le czar Pierre le Grand. Elle est traversée par la *Néva*, fleuve qui n'a que 70 kilomètres de longueur, depuis le lac Ladoga, mais dont la largeur est considérable, et qui gèle tous les ans, depuis novembre jusqu'en mars ou avril. On remarque à Saint-Pétersbourg la statue équestre de Pierre le Grand, ouvrage en bronze du sculpteur français *Falconnet*; le piédestal est un rocher de granit, pesant trois millions de livres. Saint-Pétersbourg est la capitale de tout l'empire Russe et son commerce est considérable. — *Moscou*, l'ancienne capitale, est une des plus grandes villes de l'Europe; elle a été presque entièrement rebâtie après le mémorable incendie de 1812, qui en consuma les deux tiers. Sa population, avec ses immenses faubourgs, est de 611,000 âmes. Parmi les édifices les plus remarquables, nous nommerons le *Kremlin*, ancienne demeure des czars, restauré depuis 1812; la Maison des enfants trouvés, la plus belle de l'Europe; le *palais anguleux* ou à facettes. Ce qui, dans l'aspect, de cette ville, frappe le plus d'étonnement le voyageur, c'est la multitude de ses églises et de ses monastères, avec leurs innombrables coupoles dorées ou peintes en vert. C'est à Moscou que sont établies les familles les plus anciennes et les plus riches de la noblesse de l'Empire. Moscou est à 644 kilomètres (604 verstes) de Saint-Pétersbourg, par chemin de fer.

Kronstadt, à 36 kilomètres de Saint-Pétersbourg, dans l'île de Kotlin, est le principal port de la marine russe et le boulevard de la capitale.

Je m'arrête au port de *Narva*, important par ses fortifications, et célèbre par la victoire qu'y remporta Charles XII ; au port de *Revel*, ville fortifiée, dans les environs de laquelle je vais visiter la maison de plaisance impériale, appelée *Catherinenthal*.

Je laisse à ma droite les *îles Dagœ* et *Œsel*, et j'entre dans le golfe de *Riga*, au fond duquel se trouve la ville du même nom, située à l'embouchure de la *Dwina du Sud*; son port est très-commerçant, mais son climat est généralement froid et humide.

Après avoir vu l'embouchure du *Niémen*, je touche à l'EMPIRE ALLEMAND, et je côtoie le nord de la PRUSSE qui en forme le noyau principal.

Le climat de la PRUSSE est en général froid et humide. La province du Rhin et la Silésie sont les pays les plus sains et les plus fertiles des États prussiens. On trouve dans les montagnes de la Silésie des mines d'or et d'argent abandonnées, la dépense excédant le produit, mais on y exploite des mines de cuivre, de fer, de plomb, de houille ; L'ambre jaune ou succin se trouve sur les côtes, où il est jeté par les flots de la mer Baltique. On pêche cette substance à une profondeur d'environ 100 pieds : elle repose sur des couches de charbon de diverses grosseurs.

Les forêts abondent, surtout dans la Prusse propre et dans la Silésie.

Berlin est la capitale de la Prusse et de l'empire Allemand ; cette ville est bâtie sur les bords de la *Sprée*, au milieu d'une plaine sablonneuse. La *Neustadt*, ou la *ville nouvelle*, commencée par Frédéric le Grand, est bâtie très-régulièrement; son ensemble offre un aspect vraiment imposant. Berlin dépasse toutes les autres villes du royaume par l'étendue, l'industrie, le commerce et la population (824,000 habitants). Parmi les curiosités, nous ne devons pas oublier les *quatre jardins d'hiver* qui, dans cette saison, sont le rendez-vous de la bonne compagnie.

Près de Berlin est *Potsdam*, sur le *Havel*, résidence royale : c'est le *Versailles* de la Prusse ; elle est célèbre par son château royal et par ses environs, parmi lesquels on remarque le château de *Sans-Souci*, séjour favori de Frédéric II.

J'entre dans le golfe de *Danzig*, qui forme, à l'est, une lagune ou lac maritime appelée Frische-Haff, et je visite la ville de *Kœnigsberg* (112,000 habitants), sur le *Pregel*. On y remarque un beau palais, avec une salle sans piliers, de 92 mètres de long sur 18 de large. Cette ville est la patrie du philosophe Kant; elle fabrique du drap et des toiles à voiles. Le peu de profondeur du Frische-Haff ne permet pas aux vaisseaux d'un fort tonnage d'aller jusqu'à Kœnigsberg; ils s'arrètent à *Pillau*, petite ville de 5,000 âmes. *Danzig* (90,000 habitants) a des chantiers de construction et des manufactures considérables ; ses eaux-de-vie sont renommées. C'est la première place forte de Prusse : elle est située sur la *Vistule*, à une lieue de la mer; c'est près de là que se pêche l'ambre jaune ou succin.

Je suis les côtes de la *Poméranie*, qui appartient à la Prusse. L'*Oder* la divise en deux parties : l'une, appelée *Ultérieure*, à l'est de ce fleuve, a pour capitale *Stettin*, sur l'Oder, premier entrepôt de la Silésie, du Brandebourg et de la Poméranie; l'autre, à l'ouest, appelée *Citérieure*, ancienne *Poméranie suédoise*, a pour capitale *Stralsund*, entre la mer et le ac *Franken*, vis-à-vis de l'île de *Rugen*, dont elle n'est séparée que par le détroit d'*Egel*; son arsenal est très-beau.

Le grand-duché de *Mecklembourg*, que je vois ensuite, est l'ancienne patrie des Vandales. Le sol de ce pays est tantôt argileux, tantôt mélangé de sable ; son commerce en chevaux et en blé est assez considérable. Il se divise en deux parties : le Mecklembourg-Schwerin, capitale *Schwerin*, avec 560,000 âmes ; et le Mecklembourg-Strelitz, capitale *Neu-Strelitz* avec 100,000 âmes. La maison ducale de Mecklembourg, l'une des plus anciennes familles princières de l'Europe, a donné naissance à la princesse Hélène, femme du duc d'Orléans, mort malheureusement en 1842.

Après avoir remarqué Lubeck (40,000 hab.), ville libre, jadis la première des villes hanséatiques, je m'engage dans le *petit Belt*, et, laissant à droite l'île de Fionie, dont la capitale est *Odensée*, je fais le tour du Jutland (Chersonèse Cimbrique), aujourd'hui divisé en *Jutland* propre, au nord, appartenant au Danemark, et en *Sleswig* au sud, annexé à la Prusse : cette presqu'île présente des rivages bas et sablonneux.

Je me trouve alors dans la *mer du Nord*. Je vois le *Holstein*, l'embouchure de l'*Elbe*, que je remonte pour visiter *Gluckstadt*, *Altona*, *Hambourg* (240,000 habitants), ville libre, l'un des ports les plus commerçants de l'Europe; l'embouchure du *Weser*, sur lequel se trouve la ville de *Brême*, libre et commerçante; l'ancien royaume de Hanovre, aujourd'hui province prussienne, capitale *Hanovre* (104,000 habitants), pays plat et sablonneux.

Me voici sur les côtes septentrionales du royaume des Pays-Bas ou Hollande.

Le climat de ce pays est variable, humide, froid et, en quelques endroits, peu salubre. Cette contrée possède d'excellents pâturages, nourrit beaucoup de troupeaux, produit peu de blé, mais une grande quantité de légumes. Elle ressemble à un immense marais, à peine desséché ; c'est en quelque sorte une terre conquise sur les eaux par l'art et par l'industrie humaine. De fortes digues défendent des inondations le sol, quelquefois plus bas que la mer ; une multitude de canaux et de fleuves facilitent le commerce, qui se fait principalement en tabac, fromages, houblon, toiles très-estimées, dentelles, papier.

Je côtoie successivement les provinces de *Groningue*, capitale *Groningue*, connue par son université; — de *Frise*, capitale *Leeuwarden*.

J'entre dans le *Zuyderzée*, autrefois *lac Flévo*. Il baigne les provinces d'*Over-Yssel*, capitale *Zwolle*; de *Gueldre*, capitale *Arnheim*. *Nimègue*, qui se trouve dans la même province, nous rappelle le célèbre traité de paix signé en 1679; son vieux château a, dit-on, été bâti par Charlemagne. Vient ensuite la province d'*Utrecht*, capitale *Utrecht*, célèbre par son université: c'est là que fut établie, en 1579, l'indépendance de la république des Provinces-Unies, et qu'eut lieu, en 1713, le traité qui mit fin à la guerre de la succession d'Espagne.

Je longe les côtes orientales de la *Hollande* septentrionale, et je remarque *Amsterdam* (277,000 habitants) située sur l'Y, bras du *Zuyderzée*, à l'embouchure de l'*Amstel*, qui la traverse ; elle est bâtie sur pilotis, dans un terrain fangeux, et a la forme d'un demi-cercle ; son port peut contenir plus de mille vaisseaux. C'est la ville la plus considérable du royaume, bien qu'elle n'en soit pas la capitale, et l'une des plus florissantes de l'Europe par son commerce; elle est remarquable par ses ponts de pierre et de bois, et ses nombreux canaux. Amsterdam à la faculté, au moyen d'écluses, d'inonder tout le pays d'alentour. La céruse le vermillon, le borax, le salpêtre et le tabac sont les plus importants objets de son commerce.

Dans les environs d'Amsterdam, je vais visiter Saardam, dont les chantiers sont considérables : on n'y compte pas moins de 2,300 moulins; on y montre encore l'habitation du czar Pierre le Grand, qui s'y fit ouvrier charpentier.

Je porte au nord, et je passe entre la pointe du *Helder* (combats en 1653 et en 1799) et l'île de *Texel*, également fameuse par plusieurs batailles navales et par le combat de 1795, où la flotte hollandaise fut prise à l'abordage par des escadrons de cavalerie française manœuvrant sur la glace. Je me retrouve dans la mer du Nord.

Je longe ensuite les côtes occidentales de la *Hollande septentrionale* et *méridionale*. Cette dernière province est composée en grande partie d'îles abondantes en blé, garance et pâturages. La mer y entre de tous côtés ; et pour empêcher les inondations, on a construit des digues. Je laisse dans les terres, à une lieue de la mer, *Haarlem*, qui fait un grand commerce d'oignons, de fleurs, de cire et d'étoffes de soie. — *Leyde* (Lugdunum Batavorum), célèbre par son université, sur le vieux Rhin, qui se perd alors dans les sables de l'Océan ; — *la Haye* (92,000 habitants), la plus jolie ville de la Hollande, dont elle est la capitale officielle. Elle possède une grande fonderie de canons. Dans ses environs se trouve une maison de plaisance royale, située au fond d'une magnifique forêt, reste des forêts de l'ancienne Batavie : on nomme cette résidence *Bosch* (le Bois).

Je vois ensuite les bouches de la *Meuse*, sur une desquelles se trouve *Rotterdam* (122, 000 habitants) la ville la plus peuplée des Pays-Bas et la plus commerçante après Amsterdam ; puis celles de l'*Escaut*, dans la province de *Zélande*, capitale *Middlebourg*, dans l'île de *Walcheren*, l'une des îles qui composent presque exclusivement cette province, dont le nom signifie *terre maritime*.

Je remonte le fleuve pour gagner *Anvers* (126,000 habitants), port célèbre qui reçoit des navires de toutes les parties du monde : c'est la patrie de Van Dyck, fameux peintre de l'école flamande, dont cette ville est en quelque sorte le berceau.

Anvers est la seconde ville du royaume de BELGIQUE.

La BELGIQUE qui ne fait plus partie du royaume des *Pays-Bas*, mais qui appartient à la grande région physique de ce nom, jouit d'une température beaucoup plus douce que celle de la Hollande. Partout des terres couvertes de pâturages, de moissons ou de fabriques, annoncent la richesse du sol et l'activité infatigable de l'homme. Le fer et l'acier, la houille, les machines à vapeur, les armes à feu, les draps, les dentelles, etc., sont les objets les plus importants de son commerce.

Bruxelles est la capitale de la *Belgique* ; elle est bâtie sur un terrain inégal, sur les bords de la *Senne*. Sa partie basse, la moins saine et la moins régulière, renferme beaucoup de maisons dans le goût gothique ; mais le côté voisin du Parc offre des rues larges, bien alignées, et des maisons élégamment bâties. Les édifices les plus remarquables sont le *palais du Roi*, le *palais des États*, le *Théâtre-Royal*, l'*Hôtel-de-Ville*, surmonté d'une tour gothique d'une grande élévation, et couronnée d'une statue de Saint-Michel, tournant sur un pivot au moindre vent ; les magnifiques serres du *jardin d'horticulture*, l'Observatoire, etc. Cette ville a donné son nom à des dentelles dites *point de Bruxelles*, ou d'*Angleterre* ; il s'y fait un grand commerce de voitures et de chevaux de luxe. Ses bières de table sont très-renommées.

Dans les environs on remarque *Laeken*, le Versailles de la Belgique, et *Waterloo*, célèbre par la bataille qui s'y livra en 1815. — Plus au sud-est est *Liège*, (104,000 hab.), un des premiers centres industriels de l'Europe.

L'Escaut sépare la province d'Anvers de celle de la *Flandre orientale*, chef-lieu *Gand* (120,000 hab.), au confluent de la Lys et de l'Escaut : ancienne et illustre ville, patrie de Charles-Quint, au temps duquel elle surpassait Paris en superficie. Sa citadelle est une des plus grandes de l'Europe ; ses beaux édifices, ses quais magnifiques, ses vastes places, la mettent au premier rang parmi les villes de cette partie du monde.

Je côtoie ensuite la *Flandre occidentale*, chef-lieu *Bruges*, où l'on remarque, dans la cathédrale, le tombeau de Charles le Téméraire et de sa fille Marie ; ses toiles et ses dentelles sont très-estimées. Au XIIIe siècle, cette ville était l'un des plus grands entrepôts du commerce du monde. Ses chantiers de construction lui donnent encore de nos jours une place distinguée.

Je trouve ensuite *Ostende*, place forte et ville commerçante : on y pêche beaucoup d'huîtres : elle a des bains de mer très-fréquentés.

J'arrive au nord de la FRANCE : je longe les côtes septentrionales de la province de *Flandre*, département du Nord; et de là je vais au port de *Calais*, dans l'*Artois*, département du Pas-de-Calais. Je traverse le *pas de Calais*, et, après 30 kilomètres de navigation, je vois les côtes de l'ANGLETERRE.

L'Angleterre tient le premier rang dans le monde, pour son commerce et son activité industrielle.

L'*Angleterre* et le *pays de Galles* offrent des terrains élevés, se reliant, par des pentes douces, avec des plaines parfaitement cultivées et entrecoupées de lacs, de forêts et de belles rivières : ce qui forme des vues pittoresques et délicieuses.

Les bords de la mer sont en quelques endroits défendus par des rochers et des bancs de sable inaccessibles; en d'autres endroits se trouvent des baies et des ports commodes et sûrs pour les vaisseaux.

L'air de ce pays est épais, mais salubre. Les brouillards y sont fréquents ; la température y est très-variable, et l'hiver long et désagréable, moins par le froid que par l'humidité.

Les relations commerciales de l'Angleterre sont immenses : les possessions qu'elle a dans l'Inde en font la pourvoyeuse d'une partie des nations de l'Europe. Elle-même produit du fer, de la houille, du cuivre, du plomb, de l'étain, du sel, du marbre, etc. ; peu de blé, mais des fruits, des légumes, d'excellents pâturages, des chevaux très-estimés, du bétail d'une belle espèce.

Je m'arrête à *Douvres*, ville maritime, un des passages les plus fréquentés d'Angleterre en France; elle est située dans le comté de *Kent*, dont la capitale est *Canterbury*, résidence d'un archevêque, primat du royaume, et importante par les nombreux vestiges d'antiquités romaines qu'on y a découverts; sa cathédrale est une des plus vastes de l'Europe.

Je remonte les côtes orientales de l'Angleterre; je vois l'embouchure de la *Tamise*, sur laquelle se trouve *Londres*, la ville la plus peuplée du monde, capitale du comté de *Middlesex* et de tout l'empire Britannique. C'est l'entrepôt du commerce du globe; elle est à 60 kil. de la mer. On y remarque, parmi ses églises, la cathédrale de Saint-Paul, le plus magnifique des temples consacrés au culte protestant; l'abbaye de *Westminster*, véritable Panthéon anglais; la *Tour de Londres*, ancienne et vaste forteresse qui, pendant cinq siècles, a été la demeure des rois et a servi quelquefois de prison d'État : on y trouve maintenant l'*arsenal de la marine*, l'arsenal des volontaires et la collection la plus complète d'armures antiques et d'armes modernes, ainsi que la *chambre aux joyaux*, où l'on garde les diamants de la couronne; le palais Saint-James, la banque d'Angleterre, etc. C'est à Londres qu'a pris naissance l'usage des *squares*, ou places renfermant un jardin entouré de grilles. Plusieurs ponts magnifiques et un tunnel traversent la Tamise, avec laquelle communiquent de vastes docks ou bassins. Londres a une population de 3, 370,000 âmes; elle est à 425 kilomètres de Paris.

Je longe le comté d'*Essex*, capitale *Colchester*; celui de *Suffolk*, capitale *Ipswich*, où Isabelle de France fit une descente avec son fils Édouard III, dans son entreprise contre Édouard II, son époux (1326). Cette ville est renommée pour ses chantiers. Le comté de Suffolk est l'un des plus prospères, et son climat passe pour un des plus secs de l'Angleterre.

Je côtoie le comté de *Norfolk*, capitale *Norwich* (82,000 habitants), près de laquelle s'élevait le chêne de la réformation, rendu fameux par les cruautés du tanneur Ket, dans la révolution qui éclata sous la minorité d'Édouard VI. Cette ville est renommée, depuis le XIIe siècle, pour la fabrication de ses tissus de laine; on y trouve une mine de sel gemme contenant de la magnésie; son *musée botanique* attire l'attention des naturalistes. A quelques milles de Norwich, *Yarmouth*, dont le port s'encombre chaque jour, prend une part très-active aux pêches du hareng et du maquereau, qui rapportent à l'Angleterre des sommes si considérables; *Cromer* est un petit port où atterrit le câble télégraphique qui unit l'Angleterre à l'Allemagne. Au nord de ce comté est le golfe du *Wash*, qui le sépare du comté de *Lincoln*, capitale *Lincoln*, riche en antiquités et en fabriques; elle a une grosse cloche, appelée *Tom*, que quinze hommes peuvent à peine sonner. — Après l'embouchure de l'Humber, est le comté d'*York*, capitale *York* (Eboracum), résidence d'un des deux archevêques du royaume: elle renferme une magnifique cathédrale; le cuivre d'York est renommé. Avant de voir cette ville, nous avions visité *Hull* (129,000 habitants), sur la rive gauche de l'Humber, le troisième port commerçant de l'Angleterre, le premier pour la pêche de la baleine. Il part de Hull de nombreux canaux qui le font communiquer avec Manchester, Liverpool, Bristol, Londres, etc.— Le comté de *Durham* a pour capitale *Durham*, dont la cathédrale est un monument curieux d'architecture anglo-normande. — Celui de *Northumberland*, a pour capitale *Newcastle* (135,000 habitants), dont le clocher est une des plus singulières créations d'architecture gothique : c'est dans cette ville que Charles Ier, roi d'Angleterre, fut livré aux Anglais par les Écossais (1647). Newcastle a un bon port sur la *Tyne*, où peuvent aborder des vaisseaux de 4 à 500 tonneaux. Il exporte du charbon de terre, du plomb, de la faïence, etc. C'est là que se termine la muraille romaine construite par l'empereur Adrien, dans le IIIe siècle après Jésus-Christ.

Je passe les monts *Cheviots*, qui séparent l'Angleterre de l'ÉCOSSE (*Calédonie*), et j'arrive à *Berwick*, sur la *Tweed*, frontière des deux pays.

L'ÉCOSSE est un pays pittoresque, hérissé de montagnes et de forêts, couvert de lacs, arrosé d'une multitude de rivières; mais le climat est froid et le sol peu fertile. On y trouve des mines de fer, de plomb, de houille. On y élève de nombreux troupeaux de bêtes à cornes et de moutons ; les côtes sont poissonneuses, ainsi que les rivières et les lacs.

Je vais visiter *Édimbourg* (208,000 habitants), capitale de l'Écosse, sur le *Forth*, et qui se partage en vieille et nouvelle ville. Parmi les édifices publics, nous placerons le château d'*Holy-Rood*, ancienne résidence des rois d'Écosse. Autour de ce vieux château, qui reçut Charles X, roi de France, dans son exil, s'est établie, depuis le départ de Jacques Ier, fils de Marie Stuart, une colonie de débiteurs insolvables, que les lois du pays y protégent contre leurs créanciers. L'enceinte qui leur offre un asile s'étend à 4 milles de circonférence autour de l'édifice. Édimbourg se distingue par son industrie et son commerce. Elle possède une université célèbre, et a été surnommée l'*Athènes du Nord*. C'est la patrie des historiens Burnett, Hume, Robertson, et du romancier Walter Scott.

Leith, à une demi-lieue, est le port d'Édimbourg : c'est un excellent mouillage.

Je continue à longer les côtes et, entrant dans le golfe de Tay, je vais visiter, sur le fleuve de ce nom, la jolie ville de *Perth* : elle est environnée de sites délicieux. C'était jadis la résidence des rois d'Écosse ; c'est aujourd'hui le siége d'une grande industrie, dont les articles principaux sont les fabriques de coton et de toile. Le comté de *Perth* est justement célèbre : ici, on remarque les lieux illustrés par *Ossian* ; là, sur le mont *Dunsinan*, le château de *Macbeth*, immortalisé par Shakspeare ; le lac *Katrine*, rendu célèbre par Walter Scott dans la *Dame du lac*, etc.

Après avoir vu l'embouchure du *Tay* et le port d'*Arbroath*, près duquel, à 20 kilomètres en mer, est le phare de *Bell-Rock*, je m'arrête au port d'*Aberdeen* à l'embouchure de la *Dee :* c'est la première ville de l'Écosse pour la marine marchande. Sa bibliothèque et son université jouissent d'une grande réputation. On y arme pour la pêche de la baleine. Elle renferme 88,000 habitants.

Je laisse à ma gauche le petit port de *Peterhead*, où débarqua, en 1715, le chevalier de Saint-Georges (Jacques-Edouard Stuart), puis le golfe de *Murray*. Là se trouve le vaste port d'*Inverness*, près de *Culloden*, où Charles Stuart fut vaincu définitivement par les troupes royales en 1746. Le magnifique *canal Calédonien* vient aboutir à Inverness.

Je double le cap *Duncansby*; je passe le détroit de *Pentland*, en laissant à ma droite les *Orcades* et, plus au nord, les Shetland, qui produisent des chevaux de luxe. Le climat de ces îles est le plus pluvieux de toute l'Europe, et les côtes en sont tellement orageuses, que les habitants des îles Shetland, pendant plusieurs mois, sont privés de toute communication avec le reste du monde. Le commerce n'y est cependant pas inactif.

Continuant de côtoyer l'Écosse septentrionale, je double le cap *Wrath*, pour redescendre ensuite le long des *Hébrides* ou *Western Islands* : parmi ces îles je remarque *Lewis*, la plus grande de toutes, et celles de

Skye, de *Mull* et de *Staffa*, cette dernière célèbre par la grotte basaltique de Fingal. (Fingal fut le père d'Ossian, barde calédonien du IIIe ou IVe siècle.) A l'est de la longue presqu'île de *Cantire*, les îles de *Bute* et d'*Arran* forment un des comtés de l'Écosse, à l'embouchure de la Clyde.

Sur les deux rives de ce fleuve, je visite *Glasgow*, renommé par ses filatures de coton et par son commerce maritime qui le rend la seconde ville du Royaume-Uni (500,000 habitants). J'arrive au nord de l'IRLANDE (*Hibernie*), où se trouve la *chaussée des Géants*, formée de colonnes basaltiques.

L'IRLANDE est arrosée par un grand nombre de rivières et de lacs. Ses côtes sont découpées par des baies, des anses, des golfes et des ports de mer, qui devraient donner une grande activité au commerce, si d'autres motifs, tels que l'antagonisme des races, ne s'opposaient pas à la prospérité de l'île.

L'air est doux, tempéré, mais très-humide.

L'Irlande a quelques mines de houille, de fer, de plomb, de cuivre. Elle produit du blé, du miel, du safran ; et surtout elle est en partie couverte d'excellents pâturages, nourrissant un nombreux bétail, bœufs, chèvres, porcs, etc.

Les forêts abondent en gibier ; les loups, comme en Angleterre, y sont entièrement détruits.

Je côtoie la province d'*Ulster*, ancien royaume qui avait pour capitale *Armagh*, ville archiépiscopale, et dont une des villes principales est *Londonderry* (40,000 h.), qui a un bon port et fait un très-actif commerce. Je suis la baie de *Donegal*, où je remarque la ville du même nom.— Dans la province de *Connaught*, je visite le port de *Sligo*, qui fait un grand commerce de laine, et celui de *Killala*, fameux par la descente du général français Humbert, en 1797. J'entre dans la baie de *Galway*, qui prend son nom d'un chef-lieu de comté : cette ville (50,000 hab.) présente un bon port et un château fortifié.—Dans la province de *Munster* qui commence au sud de ce golfe, je vois l'embouchure du *Shannon*, sur lequel se trouve la ville forte de *Limerick* (45,000 hab.). Un canal ,établi entre le *Shannon* et la *Liffey*, y fait communiquer l'océan Atlantique avec la mer d'Irlande. On remarque à Limerick la cathédrale et la statue élevée à Daniel O'Connell, le grand patriote irlandais, ainsi qu'une des plus riches bibliothèques de l'Irlande. Limerick est un grand entrepôt de commerce de toiles, de blé, de bœufs, de beurre, etc.

Je longe l'île *Valentia*, point d'attérissement du premier cable télégraphique sous-marin établi entre l'Europe et l'Amérique; la baie de *Bantry*, où descendit, en 1796, le général français Hoche ; le cap *Clear*, à l'extrémité méridionale de l'île de ce nom ; la baie de *Kinsale*, où Jacques II débarqua en 1687. J'aborde à *Cork* (150,000 hab.), sur la *Lee*, port de mer florissant, deuxième ville de l'Irlande par son industrie et son commerce. Elle approvisionne de viande salée presque tous les navires de commerce et de guerre de la Grande-Bretagne. L'entrée de son port, profonde et étroite, est défendue par des batteries formidables, surtout depuis que l'on a transféré sur une île voisine, *Cove*, les établissements de la marine royale qui étaient à *Kinsale*. Des services réguliers de paquebots unissent Cork à Bristol, Dublin, Londres, etc.

Je vois, en portant à l'est, les havres de *Waterford* et de *Vexford*: ce dernier dans la province de *Leinster*, où se trouve aussi *Dublin* (315,000 hab.), capitale de toute l'Irlande. Cette ville est située à peu de distance de la mer, sur la *Liffey* ; la place nommée le *Gazon de Saint-Étienne* est une des plus grandes de l'Europe; au milieu de la plus belle rue, *Sackvelle-street*, s'élève le monument de Nelson, colonne surmontée de la statue de ce grand amiral. Sheridan, Moore et Burke sont nés à Dublin. Ses fabriques de soie et de toile sont renommées. — Au nord-est, dans la baie de *Drogheda* (40,000 hab.), tombe la petite rivière de la *Boyne*, où Jacques II, roi détrôné d'Angleterre, fut battu par Guillaume III, son compétiteur (1690).

Je m'arrête à *Donoghadee*, uni par un cable télégraphique avec *Port-Patrick*, en Écosse. J'entre dans la baie de *Belfast*, où se trouve la ville de ce nom (170,000 hab.), chef-lieu du comté d'*Antrim*, remarquable par son commerce et l'état florissant de ses manufactures de toile et de coton et ses établissements scientifiques. La plus grande partie de cette ville et du lac *Neagh* appartient au marquis de *Donegal*, qui possède, près de Belfast, *Bever*, une des plus belles maisons de campagne de l'Irlande.

Sur la baie de Belfast est *Carrick-Fergus*, où Guillaume III descendit en 1688, pour aller s'opposer à son beau-père Jacques II, et qui fut pillé par le corsaire français Thurot en 1762.

Je quitte l'Irlande pour aller rejoindre les côtes occidentales de l'Angleterre ; je vois sur mon chemin l'île de *Man*, capitale *Douglas*, ayant une administration indépendante de celle du reste de l'Angleterre : la souveraineté de cette île a été vendue à la couronne par la famille d'Athol, en 1765. J'arrive au comté de *Cumberland*, capitale *Carlisle*, dont le plomb est renommé.

Je côtoie successivement le *Westmoreland*, capitale *Appleby* ; le *Lancaster*, le comté le plus industrieux et le plus peuplé de l'Angleterre : il possède la ville manufacturière de *Manchester* (485,000 hab.), sur l'*Iwell*, première place de l'Europe pour les manufactures de coton; et le port de *Liverpool* (510,000 hab.), à l'embouchure de la *Mersey*, une des places les plus commerçantes du monde : les deux principaux articles d'importation sont le coton et le tabac. Le comté de Lancaster produit en outre de la houille et d'excellent fer : il est sillonné de voies ferrées. Liverpool est à 313 kilomètres de Londres.

Je vois *Chester*, renommé par ses fromages, dans le comté du même nom; et j'entre dans la *principauté de Galles*, dont le titre est attribué au fils aîné des rois d'Angleterre, depuis la conquête qu'en fit Édouard Ier, en 1282; c'est là que s'étaient retirés les Bretons chassés par les Anglo-Saxons. La langue, les mœurs, les usages y sont autres qu'en Angleterre. Le pays est montagneux, mais bien cultivé et abondant en métaux.

Je longe les comtés de *Flint* et de *Denbigh*. Je passe dans l'île d'*Anglesey*, capitale *Beaumaris*, séparée de la Grande-Bretagne par un détroit, sur lequel on a construit un pont suspendu et un pont tubulaire, pour un chemin de fer; cette île est encore couverte de forêts, antiques sanctuaires de la religion druidique. Je visite le comté de *Caernarvon*, puis successivement ceux de *Merioneth*, de *Cardigan*, de *Pembroke*, de *Caermarthen* et de *Glamorgan*, capitale *Cardiff* (44,000 hab.), où se trouvent encore le port de *Swansea* (50,000 hab.) et *Merthyr-Tydvil* (97,000 hab.), centre de l'industrie métallurgique de la principauté : ce comté est appelé le *jardin du pays de Galles*, à cause de la fertilité de sa partie méridionale.

Il se trouve situé sur la rive septentrionale du canal de Bristol, au fond duquel est l'embouchure de la *Severn*; sur l'autre rive est *Bristol* (190,000 hab.), dans le comté de Glocester, ville maritime, rivale de Liverpool, et où naquit l'illustre philosophe Locke ; dans les environs on exploite de riches mines de cuivre.

Je suis le comté de *Somerset*, dont la ville la plus importante est *Bath* (55,000 hab.), appelé le *Plombières de l'Angleterre*, pour ses eaux minérales fréquentées ; les côtes septentrionales de celui de *Devon* ; je contourne le comté de *Cornwall*, qui fait un commerce considérable de charbon de terre et d'étain : à l'extrémité se trouve le cap *Land's end* ou *Fin de la terre*, vis-à-vis duquel sont les îles *Scilly* ou *Sorlingues* (anciennes *Cassitérides*), qui montrent encore des indices de leurs antiques mines d'étain, et qui sont redoutées des navigateurs, à cause de leurs nombreux écueils.

Je double le cap *Lizard*, et j'entre dans la *Manche*, bras de mer qui s'étend des *Sorlingues* au *pas de Calais*. Je vois le port de *Falmouth*, puis l'estuaire de la Tamar, au-delà de laquelle je retrouve le comté de *Devon* et son port principal *Plymouth* (118,000 hab.), en face d'un rocher isolé, à 25 kilomètres de la côte, et dominé par le *phare d'Eddystone*. Plus loin, vers le nord-est, est le port de *Torquay* ; puis le chef-lieu du comté, *Exeter* (35,000 hab.), ville très-commerçante, qui fabrique les plus beaux draps et les meilleures serges d'Angleterre ; sa cathédrale est magnifique. Je suis le comté de *Dorset*, capitale *Dorchester*, qui projette la presqu'île de Portland ; celui de *Hamps*, capitale *Winchester*, villes principales *Southampton* (55,000 hab.), port de commerce, et *Portsmouth* (120,000 hab.), grand port militaire, arsenal de la marine anglaise. Au sud, est l'ile de *Wight*, capitale *Newport*, sur la *Médina* : c'est dans l'ile de Wight, au château de *Carisbrooke,* que fut enfermé Charles Ier, roi d'Angleterre.

Je longe ensuite le comté de *Sussex*, capitale *Chichester*, renommé pour ses excellentes écrevisses; près de cette ville est *Arundel*, berceau d'une illustre famille seigneuriale, dont un des membres découvrit les marbres épigraphiques, appelés *Chronique de Paros*. Je remarque encore de ce côté la jolie ville maritime de *Brighton* (70,000 hab.), en communication journalière avec Dieppe; c'est le rendez-vous de la bonne société dans la belle saison : autrefois le roi y faisait sa résidence d'été; puis la ville de *Hastings*, où Guillaume le Conquérant vainquit Harold (1066). — De retour dans le comté de *Kent,* je repasse le *pas de Calais* (détroit Gaulois), et je reviens en FRANCE.

La FRANCE, située exactement au milieu de la zone tempérée, est, de toutes les contrées de l'Europe, la plus favorisée par l'égalité de la température et la diversité de ses produits agricoles ; cinq grands fleuves et d'innombrables rivières répandent sur son sol la fécondité et l'abondance, favorisent son commerce intérieur, à l'aide de nombreux canaux; les excellents ports qu'elle possède sur les quatre mers facilitent son commerce extérieur.

Le *nord* de cette belle contrée offre des plaines fertiles, entrecoupées de collines; à l'*est*, les montagnes des Vosges et du Jura dominent les vastes plaines de la Bourgogne. L'*ouest* présente à la fois les belles campagnes de la Touraine, que l'on a surnommées le *jardin de la France*, et le sol granitique de la Bretagne, souvent rebelle à la culture, mais offrant de nombreuses curiosités naturelles et des monuments historiques.

Au *sud-ouest*, sont les *Landes* de Gascogne, jadis arides et monotones, aujourd'hui couvertes, en grande partie, de forêts de pins ; mais, au *sud* et au *sud-est*, les Pyrénées, les Cévennes, et les Alpes varient l'aspect du pays : aussi le Languedoc, la Provence et le Dauphiné sont remarquables par les agréments pittoresques de leurs vallées, la riche fécondité de leurs plaines et leurs nombreuses curiosités naturelles.

La France produit toutes les céréales, les légumes et les fruits nécessaires pour sa consommation. Au sud même, on cultive les oliviers, les orangers, le pastel, et presque partout le chanvre, le lin, le safran, le tabac ; les vins y sont abondants et délicieux. Dans plusieurs provinces, où la vigne ne croît point, le cidre et la bière remplacent le vin.

Le *règne minéral* donne du fer, de la houille, du sel, du marbre, des pierres de taille, et, en moins grande abondance, du plomb, du cuivre, de l'argent, de l'antimoine, du zinc.

Le *règne animal* offre des races nombreuses de chevaux et de bêtes à cornes, du gibier en abondance et une grande variété de poissons.

Le commerce, dont l'importance est de plus de neuf milliards, comprend, à l'importation, les matières textiles (soie, coton et laine), les pelleteries, les denrées coloniales (sucre, café, épices), les métaux et autres matières premières ; à l'exportation, les tissus de soie, laine, coton et chanvre, les articles de modes, de luxe et de toilette, les produits chimiques, les vins et eaux-de-vie, les produits alimentaires, etc.

La capitale de la France est *Paris*, l'une des villes les plus grandes, les plus industrieuses, les plus commerçantes et les plus riches du monde, et que nous visiterons en détail, en faisant plus tard notre *tour* spécial de *France*.

Je suis les côtes septentrionales de la France, en visitant les ports et les estuaires les plus remarquables. *Calais*, dans le département du Pas-de-Calais, est, ainsi que *Boulogne* (39,700 hab.), un peu plus au sud, en communication journalière avec l'Angleterre. Je remarque ensuite l'embouchure de la *Somme*, sur le cours de laquelle sont *Abbeville* et *Amiens* (64,000 hab.) capitale de la *Picardie*. A l'ouest, commencent les falaises du pays de Caux, qui dépassent souvent 100 mètres. Dans le département de la Seine-Inférieure, ancienne province de *Normandie*, je remarque les ports de *Dieppe*, *Fécamp*, et *Le Havre* (87,000 hab.), ville forte, et deuxième port de France, faisant un commerce considérable avec Paris et l'Amérique : elle est située à l'embouchure de la *Seine*, que je remonte pour aller visiter *Rouen* (102,000 hab.), ancienne capitale de la Normandie, une des villes les plus considérables et les plus commerçantes de France.

Traversant l'estuaire de la Seine, entre le Havre et Honfleur, je longe le département du Calvados, qui tire son nom des rochers qui bordent les côtes, et qui présente de belles plages, utilisées pour les bains de mer, à *Trouville*, *Deauville*, *Cabourg*, *Arromanches*, etc. Ce département a pour chef-lieu *Caen* (41.000 hab.), ville commerçante, au confluent de l'Orne et de l'Odon.

Au-delà de l'embouchure de la *Vire*, sur laquelle est *Isigny*, renommé pour son beurre, je contourne le département de la Manche (ancien Cotentin); je vois la rade de *la Hougue*, célèbre par le combat naval de 1692; puis *Cherbourg*, chef-lieu d'un arrondissement maritime, ayant un des plus beaux ports de l'Europe, défendu par une digue, ouvrage gigantesque de 3,712 mètres de longueur.

Je laisse à ma droite les îles d'*Aurigny*, de *Guernesey*, de *Jersey*, restées aux Anglais depuis la guerre de Cent ans ; à gauche, je double le cap de la Hague, environné de rochers, et dont la pointe est surmontée d'un château. Descendant au sud, je remarque *Granville*, port de pêche ; et j'évite la baie du *Mont-Saint-Michel*, redoutable par ses sables mouvants et ses hautes marées.

L'embouchure du Couesnon sépare la Normandie de la *Bretagne*, autrefois *Armorique*, mot qui s'appliquait à toutes les provinces voisines de la mer. J'y vois les ports de *Cancale* (Ille-et-Vilaine), connu par ses huîtres; de *Saint-Malo*, qui fait un grand commerce, et est une pépinière de matelots exercés pour la pêche de Terre-Neuve ; de *Saint-Brieuc* (Côtes-du-Nord), dont la baie est pleine d'écueils.

Je laisse à ma gauche un grand nombre d'iles entourées de rochers, parmi lesquelles je remarque l'île de Batz, à l'embouchure d'une rivière où se trouve le port de *Morlaix* (Finistère). Puis, laissant à droite l'île d'*Ouessant*, aux côtes d'accès difficile, célèbre par la victoire navale de 1778, je double la *pointe de Saint-Mathieu*, et je vais mouiller à *Brest* (66,000 hab.), chef-lieu du premier arrondissement de la marine militaire, avec une rade dont le circuit est d'à peu près 40 kilomètres.

Je laisse à ma gauche les baies de Douarnenez et d'Audierne ; à ma droite, l'île de *Sein*, remplie d'antiquités druidiques. Tous ces parages sont fréquentés par des pêcheurs de sardines, jusqu'au-delà de *Lorient* (36,000 hab.), port vaste et sûr, chef-lieu d'un arrondissement maritime, à l'embouchure du *Blavet*, où se trouve aussi *Port-Louis*, et en face de l'île de Croix. Puis viennent *Quiberon*, sur la presqu'île du même nom, en face de *Belle-Ile*, défendue par une place forte, *le Palais* ; et *Vannes*, chef-lieu d'un département qui prend son nom du *golfe du Morbihan*.

Laissant à ma gauche la *Vilaine* et les marais salants de *Guérande*, j'arrive à l'embouchure de la *Loire* (Liger). J'y vois *Saint-Nazaire*, port de commerce et de passage pour l'Amérique ; les établissements industriels d'*Indret*; puis *Nantes* (118,000 habitants), chef-lieu de la Loire-Inférieure, au confluent de la Loire avec l'Erdre et la Sèvre Nantaise, une des villes les plus commerçantes de la France.

Je visite l'île fertile de *Noirmoutier*, qui renferme des marais salants, et qui dépend du département de la Vendée (ancien *Poitou*), célèbre par les guerres de 1793 à 1796; l'île d'*Yeu*, à quelque distance de la côte; *Les Sables-d'Olonne*, ville qui tire son nom des dunes de sables qui l'environnent : on y arme pour la pêche de la morue.

Je traverse le *pertuis Breton*, et je longe les côtes de l'*Aunis*. Je visite *La Rochelle* (20,000 hab.), chef-lieu de la Charente-Inférieure, port commerçant et sûr, avec des fortifications.

Vis-à-vis de cette ville se trouve l'île de *Ré*, défendue par quatre forts, mais qui manque de blé et d'eau douce. Elle est séparée, par le *pertuis d'Antioche*, de l'île d'*Oleron*, dont les habitants sont presque tous marins : cette dernière, située à deux lieues du continent, vis-à-vis de la *Charente*, a des salines considérables et des distilleries d'eau-de-vie. Sur la Charente, et à 20 kilomètres de la mer, se trouve *Rochefort* (28,000 hab.), grande et belle ville, chef-lieu d'arrondissement maritime.

Passant devant *Marennes*, renommé pour ses huîtres, j'arrive à l'embouchure de la *Gironde*, nom que porte la *Garonne* (autrefois *Garumna*), depuis le confluent de la *Dordogne* : elle est signalée par la tour de *Cordouan*, fameux phare de 55 mètres de haut, élevé sur un rocher. Le flux de la mer, en pénétrant dans l'embouchure de la Gironde, s'oppose à l'écoulement des eaux de ce fleuve, et produit une barre d'eau, connue sous le nom de *mascaret*.

Naviguant entre les bancs de sable, je laisse à ma droite *Pauillac* et les fameux *coteaux du Médoc*, renommés pour leurs vins; à ma gauche, *Royan*, renommé pour ses sardines, et *Blaye*, qui me rappelle la détention de la duchesse de Berry. J'entre à *Bordeaux*

(194,000 hab.), l'ancienne *Burdigala*, à 98 kilomètres de la mer, une des villes de France les plus belles, les plus industrieuses, les plus commerçantes et les plus peuplées.

J'entre dans le *golfe de Gascogne*, appelé aussi *baie de Biscaye*, et, longeant la *Guyenne* et la *Gascogne*, je vois le bassin d'*Arcachon*, grande baie formée par l'Océan, et renommée par ses huîtres et ses bains de mer ; puis je vais mouiller à *Bayonne*, au confluent de l'*Adour* et de la *Nive*, à 6 kilomètres de la mer, près de *Biarritz*, qui a des bains de mer très-fréquentés et de belles grottes.

Toute la côte, depuis *Bordeaux* jusqu'à l'*Adour*, est dénuée de ports et même de bons mouillages, parce qu'elle est formée par une longue ligne de *dunes*, ou collines de sables mouvants, que l'on est en partie parvenu à fixer par des semis de pins. Derrière ces dunes sont les *Landes*, grandes plaines sablonneuses, longtemps absolument stériles et marécageuses, mais qui, par suite de travaux, commencent à offrir des champs fertiles, de bons pâturages, d'immenses forêts de pins, fournissant des mâts de navire et de la résine, et de petits chênes verts, dont l'écorce forme le liége.

L'embouchure de la *Bidassoa* forme la limite entre la France et l'ESPAGNE.

L'ESPAGNE, par son climat et son aspect physique, se rapproche plus de l'Afrique que de l'Europe : elle est moins séparée de la première de ces deux parties du monde par le détroit de Gibraltar, qu'elle ne l'est de la seconde par la chaîne des Pyrénées. Son climat est beau et très-sain : les brises de la mer et l'altitude élevée de ses chaînes de montagnes y modérant la chaleur, excepté quand le *solano*, continuation du *simoun* africain, souffle sur ses plateaux qu'il contribue à dessécher.

Le sol de l'Espagne devrait être très-fertile. Il produit des vins délicieux ; l'oranger, le thym et nombre d'autres plantes odoriférantes embaument les plaines et les coteaux. On recueille en Espagne le coton, la soie, le maïs, le safran, le blé, l'orge, l'avoine; on y trouve aussi de vastes forêts peuplées de châtaigniers, de buis, de chênes verts. Dans la province de Grenade, on cultive avec succès la canne à sucre.

Mais, excepté au sud et surtout à l'est, dans la province de Valence, appelée le *Jardin* (huerta), la culture est défectueuse; et l'abondance des bêtes à laine, surtout des mérinos, au lieu d'être une source de richesses, nuit au progrès de l'agriculture par un système de pâture mal entendu. Les brebis ont la toison plus fine et la chair plus délicate que dans les autres contrées du globe; les chevaux et les mulets d'Espagne sont très-estimés.

On y trouve des mines d'argent, de mercure, d'antimoine, de cuivre, d'étain, de plomb, de fer, de couperose, d'alun, etc.

La capitale de l'Espagne est *Madrid* (330,000 hab.), sur le *Manzanarès* (pauvre cours d'eau qui prend sa source à 32 kilomètres de Madrid, et qui, dans l'été, est presque à sec), au milieu d'un plateau stérile, entouré de montagnes, et à environ 675 mètres au-dessus du niveau de la mer. Les principaux monuments de cette ville sont: le palais royal, la chambre des députés, les ministères, l'hôtel-de-ville, le musée très-riche, et, parmi les promenades, la Puerta del Sol, la place Major, la rue d'Alcala, les jardins du *Buen Retiro* et du *Prado*. Madrid est la patrie de Lope de Vega et de Calderon.

A 44 kilomètres nord-ouest de Madrid, se trouve l'*Escurial*, monastère fondé par Philippe II, en 1557, après la bataille de Saint-Quentin.

A 67 kilomètres nord, est la *Granja*, demeure royale, avec de beaux jardins, dont les eaux font le plus remarquable ornement.

A 39 kilomètres sud, est le château d'*Aranjuez*, baigné par le Tage, qui circule au milieu du domaine, et forme çà et là de bruyantes cascades. Non loin du palais, est la *Maison du Laboureur*, petite construction de modeste apparence, mais dont l'intérieur recèle toutes les surprises de l'opulence royale.

A l'embouchure de la Bidassoa, je vois l'île des *Faisans*, célèbre par le traité dit des *Pyrénées*, conclu en 1659, entre l'Espagne et la France, et par l'entrevue de Louis XIV et de Philippe IV ; — *Fontarabie*, ville forte, adossée à une montagne, et protégée par un fort : son port ne reçoit que des barques.

Je côtoie la *Biscaye*, où je remarque *Saint-Sébastien*, qui a un port de mer petit, mais très-sûr, avec une citadelle construite sur une éminence, et à laquelle on ne peut arriver que par un sentier étroit. C'est la résidence du capitaine-général de la province de *Guipuzcoa*.

Après avoir doublé le cap *Machichaco*, je vais mouiller à *Portugalète*, port formé par l'embouchure du *Nervion*, rivière qui nous mène jusqu'à *Bilbao*, ville grande et commerçante, à six kilomètres de la mer. C'est le grand entrepôt des laines d'Espagne destinées à l'exportation.

Je longe ensuite une partie de la *Vieille-Castille*, capitale *Burgos* (25,000 hab.), ville archiépiscopale, remarquable par ses églises et ses couvents : on y voit les restes de la maison du *Cid* ; le tombeau de ce capitaine et les ruines du palais d'Alphonse le Sage se trouvent hors de l'enceinte. Je vois *Santoña*, port et place forte sur la baie de son nom; *Santander* (37,000 hab.), place très-forte, située sur le penchant d'une colline, avec un port commode, bien abrité, d'un accès facile pour tous les bâtiments d'une moyenne grandeur, mais présentant, à l'entrée, une barre que les navires d'une grande dimension ne peuvent passer qu'à la marée haute. Il fait en temps ordinaire, un commerce assez étendu, surtout avec Bordeaux, le nord de l'Europe et les États-Unis d'Amérique ; on en exporte beaucoup de laines.

Je côtoie les ***Asturies***, capitale ***Oviédo***, berceau de la monarchie espagnole : la tour de sa cathédrale a une réputation européenne. Je double le cap ***Peñas***, après m'être arrêté à *Gijon* (24,000 hab.), résidence de don Pélage et des premiers rois chrétiens qui combattirent contre les Maures.

Je me trouve en *Galice*, capitale *Santiago* ou *Saint-Jacques-de-Compostelle* (27,000 hab), ville célèbre par le pélerinage qu'on y fait au tombeau de saint Jacques le Mineur. Je double le cap *Ortégal*. Je vois *Le Ferrol* (25,000 hab.), port militaire vaste et sûr, défendu par des forts et par un môle pourvu d'une artillerie formidable ; *La Corogne*, dans une péninsule, à l'embouchure du *Rio de Belozos*, autre port militaire, ayant la forme d'un croissant, et défendu par deux châteaux et deux forts que les Français prirent en 1809 et 1823.

Doublant le cap *Finisterre*, je longe les côtes occidentales de l'Espagne. Je visite *Vigo*, dont le port passe pour un des plus profonds et des plus sûrs du royaume, et qui recevait jadis les galions chargés d'or d'Amérique. Je vois l'embouchure du *Minho* (Minius), et je me trouve en PORTUGAL.

Le PORTUGAL, appendice de l'Espagne, présente, comme elle, un sol entrecoupé de montagnes, de plateaux et de chaudes vallées ; l'on y rencontre très peu de plaines. Le climat est presque partout salubre et agréable ; le froid y est sensible en hiver. Le sol est généralement fertile, mais mal cultivé. Il produit beaucoup d'huile, de coton, de maïs, de riz, d'olives, d'amandes. Les orangers, transportés de la Chine en 1548, y croissent en abondance et y forment des bosquets charmants. La vigne, dont les premiers plans furent apportés de Bourgogne, y donne des vins délicieux.

On trouve en Portugal des mines de fer, de plomb, de sel, des carrières de marbre, du charbon et du salpêtre. Le bétail n'y présente rien de remarquable.

Je longe la province d'*Entre-Douro-et-Minho*, capitale *Braga*, ville très-ancienne : des ruines antiques attestent le séjour des Romains. A l'embouchure du Douro, se présente le havre de *Porto* (90,000 hab.), ville la plus riche et la plus remarquable par son commerce, après Lisbonne, et célèbre par ses vins; à celle du *Mondégo* se trouve *Coïmbre*, capitale de la province de *Beïra* : cette ville possède une célèbre université, la seule du Portugal.

Côtoyant l'*Estremadure*, je passe devant les îles *Berlingas*, en face de *Peniche*, port militaire; je double le cap *Roca*, la pointe la plus occidentale de l'Europe, et j'atteins l'embouchure du *Tage*, où se trouve *Lisbonne* (230,000 hab.), capitale de la province et de tout le royaume, et qui fut presque entièrement détruite par un tremblement de terre en 1755. Lisbonne possède un des ports les meilleurs et les plus vastes de l'Europe : l'entrée en est défendue par deux bancs de sable, entre lesquels sont les passes des vaisseaux. Cette ville s'élève en amphithéâtre, sur un espace de sept kilomètres de l'est à l'ouest, et de trois du nord au sud, et offre le coup d'œil le plus pittoresque et le plus majestueux. On y voit de belles églises, l'aqueduc d'*Alcantara*, qui a trente-cinq arches et qui est construit en marbre blanc, le palais royal d'*Ajuda*, l'arsenal de la marine, le théâtre de *San-Carlos*. C'est la patrie de Camoëns, l'*Homère portugais*. Au nord-ouest, est le château royal de *Mafra*, séjour ordinaire de la cour ; et au sud-ouest, le vieux château mauresque de *Belem*, dont l'église sert de sépulture à la famille royale. En suivant les côtes, je visite *Sétuval*, ville forte avec un port, et qui fait un grand commerce de sel.

Au sud de l'Estremadure se trouve la province

d'*Alemtejo*, capitale *Evora*, sur une hauteur, au milieu d'une plaine fertile. Cette ville est le siége d'un archevêque; on y remarque plusieurs antiquités romaines, un bel aqueduc et un ancien temple de Diane, qui sert aujourd'hui de boucherie.

Je porte au sud, et je double le cap *Saint-Vincent*, au sud-ouest de la province des *Algarves*, capitale *Faro*, moins importante que l'ancienne capitale *Tavira*. Les habitants de ces deux villes s'adonnent entièrement au commerce de la pêche.

A l'est du cap Saint-Vincent est *Sagres*, petite place d'où le prince Henri fit partir les nombreuses expéditions qui eurent pour résultat la découverte des côtes occidentales de l'Afrique.

Je vais mouiller à l'archipel de *Faro*, dont *Sainte-Marie* est l'île principale ; et, laissant à ma gauche l'embouchure de la *Guadiana* (Anas), qui sépare le Portugal de l'Espagne, je me retrouve en ESPAGNE.

Je côtoie l'*Andalousie*, qui me rappelle les Vandales, peuple germain qui, établi en Espagne dans le ve siècle (408), passa en Afrique, où il fut détruit par Bélisaire, général de Justinien, empereur d'Orient. Les Maures ont rendu célèbre cette province, la plus belle et la plus fertile de l'Espagne.

Je m'arrête au port de *Palos*, d'où partit Christophe Colomb, en 1492, pour aller faire la découverte du Nouveau Monde.

J'arrive à l'embouchure du *Guadalquivir* (Betis), fleuve considérable, que je remonte jusqu'à *Séville* (120,000 hab.), l'ancienne Hispalis, grande et belle ville, qui, située dans une plaine charmante, justifie en quelque sorte le proverbe andalous : *Qui n'a pas vu Séville n'a pas vu de merveilles.* On y voit l'*Alcazar*, ancien palais des rois maures, le superbe aqueduc dit *Los Caños de Carmoña*, construit par les Romains et par les Maures, et une des plus belles cathédrales de l'Espagne. Séville possède une école de *tauromachie*, la seule heureusement qui existe en Europe et dans le monde entier. Cette ville fait un commerce considérable d'étoffes de laine et de soie, de maroquins et de fruits secs. C'est la patrie des empereurs Trajan, Adrien et Théodose, de Las Casas, évêque de Chiapa, des peintres Murillo et Velasquez.

Je redescends le Guadalquivir, et fais voile vers *Cadix* (90,000 hab.), place forte, située à 32 kilomètres au sud de ce fleuve, dans une petite île jointe par une chaussée à l'île de *Léon ;* elle a un excellent port, protégé par plusieurs forts; c'est le plus commerçant de l'Espagne sur l'Atlantique, et, en même temps, le premier établissement de marine militaire de l'Espagne.

Je double le cap *Trafalgar*, célèbre par un combat naval où les Anglais vainquirent, en 1805, les flottes française et espagnole réunies. Je traverse le *détroit de Gibraltar*, autrefois *Colonnes d'Hercule :* il a 20 kilomètres de largeur, entre la *pointe d'Europe* (anciennement Calpé) et la *pointe de Ceuta* (autrefois Abyla) en Afrique. Gibraltar est une jolie ville, dans le goût anglais, au pied du rocher de son nom, et l'une des plus fortes places du monde. Tout le promontoire auquel est adossée la ville, et dont la hauteur est de 300 à 500 mètres, est hérissé de batteries, sur tous les points où le rocher n'a pu être coupé perpendiculairement, pour en rendre l'accès impossible. La population de Gibraltar est estimée à 15,000 âmes. La ville appartient aux Anglais depuis 1704.

Les poëtes ont supposé que l'Afrique et l'Espagne, unies dans les premiers siècles du monde, furent séparées par Hercule, au XIVe siècle avant Jésus-Christ. Ce qui est probable, c'est que ces deux contrées ont été anciennement réunies, et qu'un tremblement de terre a opéré la séparation qui existe entre elles. Ce fut au VIIIe siècle après Jésus-Christ, que la montagne de *Calpé* changea son nom : Tarik, chef des Maures qui se jetèrent sur l'Espagne, s'étant emparé de *Calpé*, l'appela *Djebel-Tarik*, ou Montagne de Tarik, dont on a fait par corruption *Gibraltar*.

J'entre dans la *Méditerranée*, et je longe les côtes méridionales de l'Espagne. Je vois la province qui conserve le nom de l'ancien royaume de *Grenade*, capitale *Grenade* (100,000 hab.), belle ville, d'un séjour délicieux. On y trouve l'*Alhambra*, palais magnifique des rois maures, dont Grenade a été la dernière possession en Europe (1496), et le *Généraliffe*, palais mauresque, d'où l'on jouit de la plus belle perspective. Cette ville a vu naître le célèbre poète Mendoza et le savant jésuite Francesco Suarez. — Je visite ensuite le port de *Malaga* (92,000 hab.), renommé par ses bons vins ; *Velez-Malaga*, connu par ses raisins dits *de Corinthe; Almeria*, au fond de la baie de son nom.

Je double le cap *Gata*; j'aborde à *Carthagène* (55,000 hab.), fondée par les Carthaginois et dominant une superbe baie. Elle a le plus beau port de l'Espagne: l'entrée en est abritée par la petite île *Escombera*, qui rompt les vents et les vagues. — La ville de *Murcie* (40,000 hab.), capitale de la province, sur la Segura, est entourée de superbes plantations de mûriers, de citronniers et d'orangers.

Je double le cap *Palos*, et j'arrive à la province de

Valence. Je vois le port d'*Alicante* (30,000 hab.), renommé pour ses vins. Je laisse à ma gauche le cap *Saint-Martin*; à ma droite, les îles *Baléares*, dont les principales sont : *Majorque*, capitale *Palma* (50,000 hab.), ville maritime importante ; *Minorque*, capitale *Port-Mahon*, fondée, dit-on, par le carthaginois Magon, et dont les Français s'emparèrent en 1756.

Je remarque l'embouchure du *Jucar* et celle du *Guadalaviar*, où se trouve *Valence* (140,000 hab.), capitale de la province du même nom, qui a été surnommée le *Jardin de l'Espagne*, à cause de sa fertilité, et dont les oranges surtout sont renommées.

J'aperçois, à quelque distance de la mer, *Murviedro*, bâtie sur les ruines de l'ancienne *Sagonte*, dont elle vient de reprendre le nom (1875) ; plus loin, au nord, est l'embouchure de l'*Èbre* (Iber), sur lequel se trouve *Tortose* (30,000 hab.) : il y a, entre cette ville et la mer, des rochers très-dangereux, sur lesquels la marée court rapidement ; — puis *Tarragone* (20,000 hab.), jadis la première ville de l'Espagne : elle possède un imposant aqueduc ancien et une belle cathédrale ; — enfin *Barcelone* (180,000 hab.), capitale de la *Catalogne*, la plus forte place de l'Espagne et son premier port sur la Méditerranée : il est spacieux et sûr, défendu d'un côté par un grand môle, à l'extrémité duquel il y a un phare, et par le fort *Montjouich*, élevé à 205 mètres au-dessus du niveau de la mer. Cette ville fut ravagée par la peste en 1821.

Je double le cap *Saint-Sébastien* et le cap *Creus*, séparés par le golfe de *Rosas* : le dernier termine la chaîne des Pyrénées, qui séparent l'Espagne de la France.

Avant de rentrer en France, je vais visiter la petite république d'ANDORRE, située en Catalogne, sur le versant méridional des Pyrénées, entre les villes de *Foix*, en France, et d'*Urgel*, en Espagne. Elle est placée sous la protection de la France et de l'évêque d'Urgel. Le produit de leurs forêts et de leurs forges sert aux Andorrans à se procurer le blé et les autres articles de première nécessité. *Andorre* est la capitale. Le village de *Canillo* est remarquable par ses mines de fer.

Je suis les côtes méridionales de *France*, baignées à l'ouest par le golfe du *Lion*; je vois le *Roussillon*, aujourd'hui département des Pyrénées-Orientales, chef-lieu *Perpignan*, ville forte sur la *Tet*.—Le *Languedoc*, qui vient ensuite, avait pour capitale *Toulouse* (125,000 hab.), chef-lieu du département de la Haute-Garonne, au confluent de la *Garonne* et du *canal du Languedoc*.

Je rencontre l'embouchure de l'*Aude*, près de laquelle est *Narbonne*, une des premières villes de la Gaule, à l'époque romaine; celle de l'*Orb*, sur lequel est *Béziers* (32,000 hab.), ville commerçante; celle de l'*Hérault*, sur lequel est l'ancienne ville d'*Agde*; puis *Cette* (26,000 hab.), second port marchand de France sur la Méditerranée.

Le département des Bouches-du-Rhône, formé de l'ancienne *Provence*, prend son nom de ce fleuve qui forme à son embouchure un delta entourant l'île de la *Camargue*. *Marseille* (Massilia) (312,000 hab.), que je rencontre, est célèbre par son commerce et son ancienneté. Son port, situé au fond d'un golfe, abrité par plusieurs îles, est le premier de France, l'un des principaux de l'Europe et l'un des plus vastes et des plus sûrs de la Méditerranée : il est le rendez-vous du commerce de l'Afrique et de l'Orient.

Je laisse à droite les îles d'*If*, ancienne prison d'État, et de Ratoneau; je double le cap *Sicié*, et je visite

Toulon (70,000 hab.), ville forte, et l'un des plus beaux ports de France pour la marine militaire, au fond d'une double rade dont l'entrée, entre deux môles, est étroite et défendue par plusieurs forts.

Je laisse à ma droite les îles d'*Hyères*, au nombre de trois: Porquerolles, Port-Croz et l'île du Titan ou du Levant; à ma gauche, la ville d'*Hyères*, célèbre par la douceur de son climat; *Saint-Tropez*, *Fréjus*, ancienne ville romaine déchue; le petit port de *Saint-Raphaël*, où Bonaparte débarqua d'Égypte, et s'embarqua pour l'île d'Elbe; le *golfe Jouan*, où il descendit à son retour de cette île. En face sont les îles *Lérins* et, en particulier, l'île *Sainte-Marguerite*, dont le château fort, ancienne prison d'État, est devenu célèbre par la détention du mystérieux prisonnier au *masque de fer*, qui y séjourna de 1686 à 1696, avant d'être transféré à la Bastille.

Plus loin, est le port et la ville déchue d'Antibes, et l'embouchure du *Var*, ancienne limite de la France, avant l'annexion, en 1860, du *comté de Nice*, qui forme aujourd'hui en partie le département des Alpes-Maritimes.

J'aborde à Nice (53,000 hab.), dans une situation délicieuse, où les rigueurs de l'hiver sont inconnues. Son port ne peut recevoir que les petits vaisseaux; mais les plus forts peuvent mouiller dans la rade voisine de *Villefranche*. — *Monaco*, à 10 kilomètres à l'est, forme une principauté indépendante. — 10 kilomètres encore plus loin, au Pont-Saint-Louis près *Menton*, nous quittons la France pour entrer en ITALIE.

Un air pur et serein, des sites magnifiques, des paysages charmants, de glorieux débris et des monuments célèbres, rappelant à chaque pas le génie et l'héroïsme des anciens Romains; la chaîne imposante des

Alpes, dominant de sa ceinture de neiges et de glaciers des plaines fertiles, arrosées par des lacs enchanteurs et par de nombreuses rivières auxquelles s'attachent d'immortels souvenirs ; les Apennins si riches en scènes variées et pittoresques : tout semble se réunir pour commander l'admiration et faire de l'Italie un des plus délicieux séjours de l'univers. Au milieu d'une foule de ravissantes perspectives, le voyageur s'arrête surtout à celles de *Tivoli*, du golfe de *Naples*, de *Florence* et du *lac Majeur*.

L'Italie produit le laurier-rose, le myrte, le roseau d'Espagne, les grands aloès, le tamarin, le laurier, le thym, l'olivier, le grenadier, le dattier, le figuier, le marronnier, l'oranger, la vigne qui y donne des vins estimés, et, dans les parties méridionales, le coton, le riz, la canne à sucre.

Outre les animaux domestiques, porcs, moutons, bœufs, chevaux calabrais, etc., l'Italie nourrit le buffle, le bouquetin, la marmotte ; le chevreuil habite ses montagnes ; quelquefois on y rencontre l'ours et, dans le midi, le porc-épic à crête.

Cette contrée possède de beaux marbres, des mines de fer, de cuivre, de sel, de soufre, d'antimoine, de plombagine, etc.

[Au nord de l'Italie, est la SUISSE Cette région, située au milieu des hautes Alpes, offre une variété de perspectives agrestes, pittoresques et romantiques, et des sites effrayants par l'élévation des montagnes, couvertes de glaces éternelles, et par la profondeur des vallées et des précipices qui les séparent. C'est de ces glaciers que coulent toutes les rivières qui arrosent la Suisse et même une grande partie de l'Europe. La Suisse fait un très-grand commerce de mousselines, d'horlogerie, de soieries, de tabletterie, de fromages, etc.]

Dans l'ancien duché de *Gênes*, je remarque *Oneglia*, patrie d'André Doria, célèbre marin du XVIe siècle ; *Savone*, port de mer ; *Gênes* (130,000 hab.), qui fut longtemps une république indépendante, et qui s'élève en amphithéâtre sur le golfe du même nom. Son port a la forme d'un demi-cercle : il est vaste et profond, mais son entrée, fermée par deux môles fortifiés, est difficile. C'est la patrie de Christophe Colomb. Cette ville est surnommée *la Superbe*, à cause de sa magnificence et de ses nombreux édifices ; elle est bâtie en marbre. — Plus loin, je trouve la ville de *Chiavari*, sur la côte, et celle de *Spezzia*, port militaire.

Je longe l'ancienne principauté, aujourd'hui province de *Massa-et-Carrara*, où est la ville de *Carrara*, renommée par ses marbres; celle de *Lucques*, capitale *Lucques* (58,000 hab.), sur le *Serchio*. — Je me trouve en *Toscane*, l'une des plus agréables contrées de l'Italie, autrefois grand-duché, et dont la capitale est *Florence* (167,000 hab.). Cette ville, surnommée *l'Athènes de l'Italie*, a vu naître Dante, Améric Vespuce, Machiavel, Michel-Ange, Galilée, Lulli; elle est une des plus belles et des plus florissantes du royaume, dans une délicieuse vallée, arrosée par l'*Arno*.

On remarque à Florence, dans l'église de Saint-Laurent, la chapelle de Médicis, ouvrage de Michel-Ange, et la merveille de la Toscane. Elle possède une riche collection de statues, de bas-reliefs, de tableaux, de pierres précieuses; on y admire aussi la coupole de Sainte-Marie-des-Fleurs, le palais Pitti, le Baptistère, etc.

Sur l'Arno également, et près de son embouchure, se trouve *Pise* (50,000 hab.), où l'on voit le cimetière de *Campo-Santo*, dont la terre fut apportée de Jérusalem sur 50 galères, par des matelots de Pise, qui fut dans le moyen âge une puissante république. Entre cette ville et Livourne, la côte est malsaine; une longue pointe de sable, qui s'avance au large, force les gros vaisseaux à s'éloigner. Je remarque *Livourne* (97,000 hab.), port très-commerçant, et dont la rade est excellente. J'évite la roche de *Vade*, recouverte seulement de deux ou trois mètres d'eau, et dont les brisants sont dangereux par les grands vents; je côtoie l'ancienne principauté de *Piombino*, au fond d'une grande baie, sur une péninsule qui divise le fond de la baie en deux. Vis-à-vis se trouve l'île d'*Elbe* (Ilva), célèbre par ses mines de fer: elle a pour chef-lieu *Por-*

to-Ferrajo; elle fut donnée, en 1814, à Napoléon Ier, qui y séjourna pendant dix mois.

Je passe le canal de Corse, entre l'île d'Elbe et la *Corse* qui appartient à la France depuis 1768, et dont le chef-lieu, *Ajaccio*, port de mer, dans le golfe du même nom, est la patrie de Napoléon Bonaparte ; je vois la ville de *Bastia*, ancienne capitale et port de mer.

Je porte au sud, en laissant à ma gauche les îles de *Pianosa*, de *Monte-Cristo*, de *Giglio* ; je traverse le détroit ou *Bouches de Bonifacio*, qui a 12 kilomètres, entre les îles de Corse et de *Sardaigne*. Je vois d'abord le golfe et la ville de *Sassari*, aux environs de laquelle on trouve des mines d'or et d'argent. Je rencontre, au nord, l'île d'*Asinara*, au sud, l'île *San Antioco* et le cap *Spartivento*, au delà duquel s'ouvre le golfe de *Cagliari*, avec la ville du même nom (33,000 hab.), capitale de la *Sardaigne* ; je remonte les côtes orientales de cette île jusqu'au détroit de Bonifacio.

Je me trouve alors dans les eaux de la *mer Tyrrhénienne*, qui est comprise entre la côte ouest de l'Italie, la Sicile, la Sardaigne et la Corse ; je vois *Orbitello*, au sud de la Toscane, avec un bon port, au fond d'un golfe formé par une étroite péninsule.

Je longe la côte occidentale de la province de Rome, ancien patrimoine de saint Pierre, enlevé au pape et réuni au royaume d'Italie en 1870 ; je vois la ville de *Civita-Vecchia*, un des ports les meilleurs et les plus fréquentés de cette côte, en relation journalière avec Livourne, Gênes, Marseille, etc. Vient ensuite l'embouchure du *Tibre* (Tiberis et Albula), qui, 24 kilomètres plus haut, arrose *Rome* (224,000 hab.), capitale du royaume d'Italie, ancienne capitale des États du Pape, dont elle est toujours la résidence, et l'une des villes

les plus célèbres du monde par son antiquité et ses souvenirs. Elle est bâtie sur sept collines, et renferme une infinité de restes précieux de son ancienne grandeur. Parmi le grand nombre d'édifices publics, on admire surtout l'église de Saint-Pierre, le plus beau monument de l'univers chrétien, le Vatican, le château Saint-Ange, et, entre les monuments anciens, le Colysée, les arcs de Constantin et de Septime Sévère. Rome a une Académie française des beaux-arts, où se rendent les jeunes artistes qui ont été couronnés à Paris. Je remarque le village d'*Ostie*, port déchu à l'embouchure du Tibre, que de grands travaux de canalisation projetés doivent de nouveau rendre navigable jusqu'à Rome.

Après avoir longé les *marais Pontins*, j'entre dans l'ancien royaume de *Naples* (Grande-Grèce), par la province de *Labour* (Campanie); j'admire le golfe de *Gaëte*, au fond duquel se trouve la ville du même nom, port et place forte, séjour du pape Pie IX, expulsé de Rome en 1848, et dernier refuge du dernier roi de Naples en 1861.

Je visite les îles d'*Ischia* et de *Procida* qui renferment des bains très-fréquentés. J'entre dans le *golfe de Naples*, sur lequel se trouve *Naples*, avec un bon port, derrière une jetée qui pourrait mettre cinq cents vaisseaux à l'abri; l'extrémité de ce môle est surmontée d'un très-beau phare. On y remarque le théâtre de Saint-Charles, l'un des plus beaux monuments de l'Europe en ce genre, des manufactures de tissus de soie, d'or et d'argent, et la population particulière des *lazzaroni*, qui n'ont pas de demeure fixe. Naples, connue autrefois sous le nom de *Parthénope*, surpasse toutes les autres villes d'Italie par sa population

(448,000 habitants), sa grandeur et la magnificence de sa situation ; elle est au pied du *Vésuve,* volcan célèbre, dont la première éruption (79 ans après J.-C.) engloutit les villes de *Stabies, Pompéi et Herculanum.*

Je côtoie l'île de *Capri*, célèbre par le séjour de Tibère; la ville de *Sorrente*, patrie du Tasse; je longe la côte jusqu'à *Salerne* (28,000 hab.), sur le golfe du même nom, chef-lieu de province (ancienne principauté Citérieure).

J'entre dans le golfe de *Policastro*, au fond duquel se trouve la ville du même nom, avec un excellent mouillage. Je longe ensuite les côtes occidentales de l'ancienne *Calabre* (Brutium), dont la capitale était *Cosenza*, où mourut Alaric, roi des Goths, en 410: ses soldats enterrèrent son corps au milieu du lit du Bussento, dont ils avaient momentanément détourné le cours, pour cacher le lieu de la sépulture de leur chef. Sur le golfe de *Sainte-Euphémie* se trouve la ville de *Pizzo,* où Murat, ex-roi de Naples, fut fusillé en 1815; près de la côte, la ville de *Monteleone*; celle de *Gioja*, sur le golfe du même nom.

Je laisse à ma gauche le *phare* ou *détroit de Messine*, qui sépare l'Italie de la *Sicile*, et je longe les côtes septentrionales de cette île (Trinacrie), en laissant à ma droite les îles *Lipari*, archipel volcanique et riche en curiosités naturelles. Les poëtes anciens y avaient placé le royaume d'Éole et les forges de Vulcain. Les principales îles sont *Lipari*, *Salina*, *Vulcano*, *Stromboli* : cette dernière, qui s'éleva soudain du sein des eaux, est célèbre par un volcan presque constamment enflammé, et par la victoire que l'amiral Duquesne remporta près de ses côtes, en 1675, sur la flotte hollandaise commandée par Ruyter.

Je vois *Palerme* (Panorme) (220,000 hab) grande ville, capitale de l'ancien *val de Mazzara* et de toute la Sicile, avec un vaste port, au fond d'une baie abritée par un môle ; elle a une université royale ; les édifices publics, les places, les fontaines et les églises y sont magnifiques. C'est dans cette ville que se donna, en 1282, le signal du massacre appelé *Vêpres siciliennes*.

Je visite ensuite les îles *Égades*, sur la côte occidentale : les principales sont *Levanzo*, *Maritimo* et *Favignana*. Je passe devant *Marsala* (34,000 hab.), renommée pour ses vins et célèbre dans les dernières guerres de l'indépendance italienne.

Je longe les côtes méridionales, en laissant à ma droite l'île volcanique de *Pantellaria*, où se trouve un lac dont les eaux sont tièdes : cette île dépend de la Sicile ; — l'île de *Gozzo* ; — celle de *Malte*, qui fut donnée en 1530, par Charles-Quint, aux chevaliers de Saint-Jean de Jérusalem, auxquels Bonaparte l'enleva en 1798 ; les Anglais l'ont prise en 1800. *La Valette* (65,000 hab.), capitale de l'île, a un très-beau port, l'un des plus importants de la Méditerranée et des plus formidables qu'il y ait au monde.

Je vois la ville de *Girgenti*, célèbre dans l'antiquité sous le nom d'*Agrigente*. Je double le cap *Passaro*, à l'extrémité sud-est de l'île. Je visite *Syracuse* (22,000 hab.), ancienne et célèbre ville maritime, mais bien déchue, dans l'ancien *val de Noto* : on y remarquait la fontaine *Aréthuse* ; c'est la patrie d'Archimède. Vient ensuite *Catane* (84,000 hab.), ville maritime, située dans une riche plaine, et dont les rues sont pavées en lave. Au nord, je remarque l'*Etna*, montagne volcanique, aux éruptions fréquentes, dont le sommet est continuellement couvert de neiges, et dont le pied offre la plus belle végétation. J'entre dans le détroit de Messine, où se trouve le rocher de *Scylla* et le gouffre de *Charybde*, célèbres dans l'antiquité. Je porte vers le sud de la *Calabre*, où je vois *Reggio* (Rhegium), avec un port pour les petits bâtiments, presqu'en face de la ville de *Messine* (110,000 hab.) (anciennement Zancle), qui possède un grand et beau port très-commerçant, défendu par un môle gigantesque. Reggio (35,000 hab.) a été la première capitale des Normands en Italie. Je double le cap *Spartivento*, et j'entre dans la mer *Ionienne*.

Je longe la côte orientale de la *Calabre*, où je remarque *Squillace*, à une lieue du golfe du même nom, et au nord de laquelle je laisse la ville de *Catanzaro* (25,000 hab.) chef-lieu de province; puis *Cotrone*, l'ancienne Crotone, patrie de l'athlète Milon. J'entre dans le *golfe de Tarente*, qui baigne au nord-ouest la *Basilicate* (Lucanie), capitale *Potenza*, dans les terres ; — et au nord-est, la terre d'*Otrante* (Messapie), où je vois *Tarente* (28,000 hab.), illustre dans l'histoire romaine, chef-lieu de cette province, dans une petite île au fond du golfe de son nom, avec un port autrefois célèbre, mais aujourd'hui impraticable; on y trouve la *tarentule*, espèce d'araignée, dont la piqûre est très-venimeuse.

Je double le cap *Leuca* ; je vois la ville d'*Otrante*, port médiocre, avec une citadelle, sur le canal du même nom, à l'entrée de la *mer Adriatique*. Longeant ensuite les côtes orientales de l'Italie, j'aborde au port de *Brindisi*, fréquenté de tout temps, et surtout de nos jours, pour les communications entre l'Italie et l'Orient; je longe les côtes de la *Pouille* (Apulie), capitale *Bari* (50,000 hab.); la *Capitanate*, capitale *Foggia* (38,000 hab.); je visite *Manfredonia*, dans le golfe du même nom; je laisse à ma droite les îles *Trémiti* (îles de Diomède).

Je côtoie les anciennes provinces des *Abruzzes*, capitales *Chieti* (Theate) et *Teramo*, et qui formaient autrefois le *Samnium*.

Je longe les côtes des *Marches*, qui ont appartenu au pape jusqu'en 1860. Leur ville principale *Ancône* (46,000 hab.), sur l'Adriatique, possède un môle et un bon port, à l'abri de tous les vents : c'est la ville la plus commerçante des côtes orientales de l'Italie. En 1799, les Français y soutinrent un siége; ils l'ont occupée de nouveau en 1831.

Je côtoie l'*Émilie*, dont la partie orientale a appartenu au pape jusqu'en 1860 : la partie occidentale formait les duchés de *Parme* (45,000 hab.) et de *Modène* (56,000 hab.). Je mouille au port de *Rimini* (38,000 hab.); et je visite dans les environs la petite république de *Saint-Marin*. Vient ensuite *Ravenne* (59,000 hab.), résidence des derniers empereurs romains, depuis Honorius, siége du royaume de Théodoric, à la fin du ve siècle, puis capitale de l'exarchat de Ravenne. Les Français, conduits par Gaston de Foix, y gagnèrent une grande bataille en 1512.

Un peu plus au nord, est l'embouchure du *Pô* (Éridan, Padus), formant un delta, dont une des branches arrose *Ferrare* (72,000 hab.); puis celle de l'*Adige* (Athesis) : ces deux fleuves parcourent la *Lombardie* et la *Vénétie* (Gaule cisalpine).

De loin j'aperçois *Venise* (130,000 hab.), qui semble sortir du sein des flots: la *Cybèle des mers*, comme dit lord Byron. On y remarque la place de Saint-Marc, ornée des fameux chevaux de bronze qui, à des époques bien éloignées l'une de l'autre, ont fait l'ornement de *Constantinople* et de *Paris*. Venise fut la capitale d'une république autrefois célèbre; elle est bâtie sur soixante et douze îles; au moyen de plus de quatre cents canaux qui la coupent, on la parcourt en tous sens avec de petites barques appelées *gondoles*.

J'entre dans le *golfe de Trieste*, au fond duquel se trouve la ville de *Trieste* (70,000 hab.), le seul port important de l'AUTRICHE-HONGRIE.

L'empire d'AUTRICHE-HONGRIE, situé à peu près au centre de l'Europe, occupe surtout les vastes plaines formées par le bassin moyen du Danube : il a au nord les montagnes qui entourent le *quadrilatère de Bohême*; à l'est, les Carpathes; au sud-ouest les Alpes. Quelques-unes de ses plaines sont marécageuses; mais, en général, le sol est fertile en céréales, chanvre, houblon, tabac, betteraves, vignes renommées de Tokay, pâturages et forêts. Il nourrit beaucoup de chevaux, de moutons et de porcs. On y trouve du fer, de la houille, du mercure, de l'or, de l'argent, du sel.

La capitale de cet empire est *Vienne* (607,000 hab.), sur la rive droite du Danube, comprenant, au centre, la vieille ville aux rues tortueuses; autour, les anciens faubourgs, avec de belles avenues et d'élégants magasins : son industrie en soieries, lainages, porcelaines, carrosserie, brasseries, etc., est active. On y remarque la belle cathédrale de Saint-Etienne (avec une cloche de 367 quintaux), la bibliothèque, l'arsenal, l'université très-florissante, l'école des orientalistes, la manufacture impériale d'armes, etc.; et, aux environs, le château de *Schœnbrunn*. Vienne a soutenu, en 1529 et en 1683, deux siéges contre les Turcs.

Je longe les côtes de la presqu'île d'*Istrie*, puis je redescends le long des îles *Illyriennes*, qui sont sur la côte de la *Croatie*, laquelle appartient à la *couronne Hongroise*, et de la *Dalmatie* qui appartient à la *couronne d'Autriche*.

Je vois la ville de *Raguse*, avec un port excellent, et qui forma longtemps une république maritime indépendante; puis la belle rade, appelée les *Bouches de Cattaro;* et j'atteins les côtes de la TURQUIE.

La *Turquie* occupe la plus grande partie de la *péninsule hellénique* (Turquie et Grèce), qui présente généralement un climat pur et salubre et un sol montagneux ; un très-grand nombre de rivières arrosent ce pays, qui est très-fertile, mais mal cultivé. Les pâturages de la Turquie nourrissent des bestiaux et surtout des brebis à laine fine et des chevaux ; les montagnes, d'une médiocre élévation, y entretiennent une douce fraîcheur : elles sont entrecoupées de vallons délicieux ; les rives du Bosphore, les campagnes fleuries, les verts bosquets de la Morée, offrent surtout les sites les plus enchanteurs. Dans la Morée. les figues, les abricots, les pêches. offrent un parfum et une saveur qu'on ne trouve point ailleurs. Le froment, le riz, l'olivier, le mûrier, le grenadier, la vigne, le figuier, l'oranger, ainsi que de grands et abondants pâturages, offriront à ce pays des sources fécondes de richesses, quand les voies de communication auront porté à l'intérieur la civilisation, l'instruction, les arts de la paix, le goût et les instruments d'une agriculture perfectionnée.

Je longe les côtes de l'*Albanie*, en passant devant *Scutari* et *Durazzo* (Dyrrachium). Je passe de nouveau le canal d'Otrante, et je vois les îles *Ioniennes*, cédées à la Grèce par l'Angleterre en 1863. La première qui s'offre à ma vue est *Corfou* (Corcyre), dont la capitale porte le même nom : elle est fertile en grains, huile et vin. — Puis viennent *Paxo*, *Sainte-Maure*, au sud du *golfe d'Arta*, où commencent les côtes continentales du royaume de GRÈCE ; *Ithaque*, patrie d'Ulysse; *Céphalonie* et *Zante* à l'entrée du *golfe de Lépante*, qui sépare la Morée du reste de la Grèce. La marée court violemment entre ces îles, et la force des courants empêche souvent les vaisseaux de pénétrer dans le golfe : l'entrée en est défendue par deux forts placés de chaque côté.

On y remarque la ville de *Lépante*, protégée par

une bonne forteresse. Son port, obstrué par les sables, ne reçoit que de petits bâtiments. Don Juan d'Autriche y remporta, en 1571, une grande victoire navale sur les flottes turques.

Je quitte le golfe de Lépante, au fond duquel est la ville de *Corinthe*, une des plus illustres de l'ancienne Grèce, et qui donne son nom à l'isthme qui unit la *Morée* ou *Peloponèse* à l'*Hellade* ou Grèce propre; je longe les côtes de la Morée, où je remarque *Navarin*, ville forte, avec un port vaste et sûr, qui passe pour un des meilleurs de la Grèce : l'entrée est protégée par l'île de *Sphactérie*; il est abrité par une chaîne de hautes montagnes. Cette ville est célèbre par la victoire que les flottes combinées de la France, de l'Angleterre et de la Russie y remportèrent, en 1827, sur la flotte turco-égyptienne.

Je laisse à ma gauche *Modon* et *Coron ;* cette dernière ville est située sur le golfe du même nom, avec un port commode ; je double le cap *Matapan*, extrémité méridionale du continent européen, et je contourne l'île de *Cérigo* (Cythère), si célèbre dans l'histoire poétique : ce n'est pourtant qu'une roche pelée et inculte ; on y remarque les ruines d'un temple consacré à Vénus.

Laissant, à ma droite, d'abord la grande île de *Crète* ou *Candie* qui appartient encore à la Turquie, et qui borne, au sud, l'archipel ou mer Egée ; puis les *Cyclades*, ou nombreuses îles grecques, éparses dans cette mer, j'entre dans le golfe de *Napoli*, au fond duquel se trouvent la ville et le port du même nom, défendus par une citadelle : la rade offre un bon ancrage, mais seulement pour les navires de petite dimension ; car elle se comble de sable de plus en plus chaque jour.

J'entre ensuite dans le *golfe d'Athènes*, et je vais aborder au *Pirée*, port d'*Athènes* (44,000 hab.), capitale du royaume de Grèce, située à 10 kilomètres de la côte : cette ville rappelle encore tous les souvenirs de l'ancienne splendeur de la Grèce : on y remarque le Parthénon, l'Acropole, les Propylées, le temple de Thésée, etc.

En dehors du port du Pirée, existe une bonne rade, sous une petite île qui est l'ancienne *Salamine*. Plus au sud est l'île d'*Égine*.

Doublant la presqu'île formée par l'*Attique* et terminée par le cap *Colonna* (Sunium), je passe sous le pont qui joint au continent l'île de *Négrepont* (Eubée). Je vois à l'extrémité nord de Négrepont, près de la côte, les *Thermopyles*, défilé célèbre par la résistance qu'y firent trois cents Spartiates contre la formidable armée de Xerxès, roi de Perse, l'an 480 avant Jésus-Christ.

Je retrouve les côtes orientales de la TURQUIE, et je longe la *Thessalie*, dans laquelle le Salembria ou Pénée forme la vallée de Tempé, et j'aperçois les sommets du *Pélion*, de l'*Ossa* et de l'*Olympe*. Puis vient la *Macédoine*, où je trouve la ville de *Salonique* (Thessalonique) (70,000 hab.), ville forte et commerçante, avec un bon port, à l'extrémité du golfe de son nom. Longeant ensuite la *Roumélie*, ancienne *Thrace*, je vois le mont *Athos* et l'embouchure de la *Maritza* (Hèbre), sur les bords de laquelle Orphée fut déchiré par les Bacchantes ; je laisse à ma droite l'île de *Thaso* et les îles de *Samothraki* et d'*Imbro*, et à ma gauche le golfe de *Saros*.

J'arrive au détroit des *Dardanelles*, autrefois *Hellespont ;* j'y trouve la ville de *Gallipoli*, dont le port est très-fréquenté Vis-à-vis de cette ville, il y a une chaîne de roches à l'entrée du détroit.

Je traverse la *mer de Marmara*, ainsi nommée d'une île qui s'y trouve : elle portait autrefois le nom de *Propontide*. Je traverse le *détroit de Constantinople* (Bosphore de Thrace), sur lequel est située *Constantinople* (500,000 hab.), capitale de la Turquie d'Europe et de tout l'empire Ottoman. Cette ville a été bâtie par Constantin sur l'emplacement de Byzance; les Turcs l'appellent *Stamboul*. On y remarque le Sérail et l'église Sainte-Sophie, construite par Justinien, et convertie aujourd'hui en mosquée. Constantinople est sujette à de fréquentes épidémies et à de violents incendies ; mais son port est un des mieux situés et des mieux préparés par la nature parmi tous les ports d'Europe : il peut contenir douze cents vaisseaux.

J'entre dans la mer *Noire* (Pont-Euxin), et je suis les côtes orientales de la Roumélie, avec le golfe de *Bourgas ;* celles de la *Bulgarie*, avec le port commerçant de *Varna*, ville où le sultan Amurat défit les Hongrois en 1444. En suivant la côte marécageuse de la *Dobrutscha*, j'atteins les bouches du *Danube* (Ister), au nombre de trois, d'une navigation difficile, mais dont l'une, la *Sulina*, a été rendue praticable en toute saison, depuis 1858. La rive gauche appartient aujourd'hui à la principauté de ROUMANIE, capitale *Bucharest* (240,000 hab.), qui s'étend à l'ouest, entre le Danube et les monts Carpathes.

A 40 kilomètres environ au nord de la dernière embouchure, j'atteins les côtes méridionales de la RUSSIE (Sarmatie) ; je côtoie la *Bessarabie*, capitale *Kichenew* (104,000 hab.), et où se trouve *Bender*, celèbre par le séjour qu'y fit Charles XII, après la bataille de Pultava : j'y vois l'embouchure du *Dniester* (Tyras), où se trouve la ville d'*Akerman*, un des ports de mer les plus commerçants de la Russie, célèbre par un traité entre les Russes et les Turcs.

Je longe le gouvernement de *Kherson*, avec la ville d'*Odessa* (124,000 hab.), le grenier de l'Europe, port franc, très-commerçant et d'un accès facile. Odessa est bâti en amphithéâtre et fortifié ; sa citadelle commande le port. Cette ville doit son accroissement au duc de Richelieu, qui en avait été gouverneur et auquel elle a élevé une statue. Le port de *Kherson* (45,000 hab.), à 100 kilomètres de l'embouchure du *Dniéper* (Borysthène), a perdu de son importance par les difficultés qu'offre la navigation du Dniéper, et par l'insalubrité de sa position.

Je fais le tour de la *Crimée* (Chersonèse Taurique), jointe au continent par l'*isthme de Pérékop;* je passe devant *Sébastopol*, célèbre par le siége de 1855; je traverse le *détroit de Kertch* ou Énikalé (Bosphore-Cimmérien), défendu par deux forts ; j'entre dans la *mer d'Azof* (Palus-Méotides), où je vois l'embouchure du *Don* (Tanaïs). C'est sur cette mer que se trouve le port de *Taganrog* (43,000 hab.), où mourut l'empereur de Russie Alexandre Ier, en 1825.

Traversant de nouveau le détroit, je longe les côtes orientales de la *mer Noire*. L'espace compris entre cette mer et la *mer Caspienne* (Hyrcanienne) est occupé en grande partie par le massif montagneux du *Caucase*, habité par les Géorgiens et les Circassiens, peuples d'un caractère guerrier, qui avaient autrefois leurs souverains particuliers ; sur la côte sud-est de la mer Noire se trouvait l'ancienne *Colchide*.

A la pointe d'*Anapa*, qui termine au nord-ouest la

chaîne du Caucase, commence réellement l'Asie ; mais la Russie possède encore les côtes jusque vers le 42° degré de latitude.

ASIE.

Partie occidentale.

L'aspect général de l'Asie présente des contrastes frappants. On y trouve à la fois des montagnes d'une hauteur prodigieuse et couvertes de neiges éternelles, des plaines arides, et des contrées où règne une étonnante fécondité. Le sol est en général très-élevé ; le centre offre surtout un vaste plateau, entouré et soutenu par une énorme ceinture de montagnes, dont les ramifications se répandent dans toutes les directions.

L'Asie est le berceau traditionnel du genre humain. Elle a vu naître les premiers empires et les grandes religions. Sur son sol qui comprend tous les climats, du pôle au tropique, la plupart des produits animaux, végétaux et minéraux du globe ont leurs représentants. L'Europe est redevable à l'Asie du café, du thé, du sucre, des épices, etc. Les principaux animaux de l'Asie sont, dans le nord : le renne, l'ours blanc, le renard noir, la martre, la zibeline et un grand nombre d'autres animaux à fourrure ; dans le centre : le chameau, les gazelles, dont une espèce donne le musc ; dans le midi : l'éléphant, le rhinocéros, le lion, le tigre, la panthère, le chacal, les singes, le crocodile.

La surface de l'Asie est de 42 millions de kilomètres carrés ; la population est de 750,000,000 d'habitants.

Je longe les côtes méridionales de la mer Noire qui appartiennent à la Turquie d'Asie et font partie de l'*Anatolie*.

La Turquie d'Asie est un pays au climat généralement doux et salubre et au sol fertile, mais très-mal cultivé, comme toutes les dépendances immédiates de l'empire Turc.

Elle produit du blé, du vin, de l'opium, des figues, des olives, de la vallonée, de la garance, du coton.

Ses principaux animaux domestiques sont les chevaux, les ânes, ainsi que des chèvres et des moutons d'une espèce particulière (dite *d'Angora*).

Le commerce a lieu par de nombreux ports, appelés ***Échelles du Levant***.

Cette contrée a été le siége des royaumes d'Assyrie, de Babylone, de Syrie, de Judée, de Lydie, de Pont, etc., et d'une foule de républiques et de colonies fameuses, Tyr, Sidon, Éphèse, Smyrne, Rhodes, etc.

Je vois le port de *Trébizonde* (Trapezus) (50,000 hab.), ville qui fut la capitale d'un empire grec, après la prise de Constantinople par les Latins, en 1204; l'embouchure du *Kizil-Irmak* (Halys) ; le port de *Sinope*. Je double les caps *Injeh* et *Karampeh*, et je reviens au détroit de *Constantinople*. En face de cette ville se trouve *Scutari* (Chalcédoine) (100,000 hab.), port très-commerçant, près duquel on voit la tour de Léandre, bâtie sur un rocher.

Rentrant dans la mer de *Marmara*, j'y vois le port de *Isnikmid* (Nicomédie), sur le golfe du même nom. Je laisse dans les terres la ville de *Brousse* (Prusa ad Olympum) (100,000 hab.), près du mont *Olympe*. Les monarques ottomans y fixèrent, vers 1300, le siége de leur empire.

Je repasse le détroit des *Dardanelles*, et suis les rives orientales de l'Archipel ; je laisse à ma droite l'île de *Lemnos*, et à ma gauche, près de la côte, celle de *Ténédos*, célèbre dans la guerre de Troie ; je côtoie l'île de *Mételin* (Lesbos) ; j'entre dans le *golfe de Smyrne*, où je vois *Smyrne* (150,000 hab.), port de mer très-important et le plus commerçant de la Turquie d'Asie. La peste et les tremblements de terre ont souvent dévasté cette ville.

J'aperçois les îles de *Chio*, de *Samos*, de *Patmos*, cette dernière illustrée par l'exil de saint Jean. Je vais visiter ensuite l'île de *Candie* (Crète), remarquable par ses campagnes riantes et fécondes, et célèbre par le siége de vingt-quatre ans que soutinrent les Vénitiens contre les Turcs, au XVIIe siècle; l'île de *Scarpanto;* celle de *Rhodes*, prise par les chevaliers de l'ordre de Saint-Jean de Jérusalem, en 1309, sur les Sarrasins, et reprise par les Turcs, en 1522 : *Rhodes*, sa capitale, a un bon port, dont l'entrée est resserrée par deux rochers, sur lesquels sont bâties deux tours qui en défendent le passage. Ils supportaient jadis une statue gigantesque d'Apollon, connue sous le nom de *colosse de Rhodes*, et entre les jambes de laquelle les vaisseaux pouvaient, dit-on, passer ; cette statue fut renversée par un tremblement de terre. Les anciens la plaçaient au nombre des merveilles du monde.

Je vais ensuite à l'île de *Chypre*, autrefois célèbre par sa nombreuse population et ses riantes campagnes, mais présentant aujourd'hui l'image de la pauvreté et de la désolation. Les vins de *Chypre* sont en réputation. Cette île fut conquise par Richard Ier, roi d'Angleterre (1198), qui la céda à la maison de Lusignan, pour la dédommager de la perte du trône de Jérusalem.

Je longe les côtes de la *Syrie;* j'y vois *Latakieh;* le port d'*Alep* (100,000 hab.); *Tripoli*, entre le mont *Liban* et la mer ; *Beyrouth* (100,000 hab.), port de *Damas*, grande et commerçante ville, capitale de la province; *Tyr* (aujourd'hui *Sour*) ; *Saint-Jean d'Acre* (Ptolémaïs), célèbre par plusieurs siéges, et surtout par celui de 1799; le port de *Jaffa* (Joppé), lieu de débarquement pour aller à Jérusalem, dans l'ancienne Palestine. En 1799, Jaffa fut désolée par une peste qui causa de grands ravages dans l'armée du général *Bonaparte*, par qui elle venait d'être prise.

Je laisse dans les terres *Jérusalem* ou *Solyme* (25,000 hab.), ancienne capitale de la Terre Sainte, prise, en 1099, par les croisés, qui y fondèrent un royaume, dont la durée fut de 89 ans. Saladin s'en empara en 1188 ; enfin les Turcs en chassèrent les Sarrasins, en 1219, et ils en sont restés maîtres depuis cette époque.

Un peu après *Gaza*, ancienne capitale des Philistins, se trouve la limite entre l'Asie et l'Afrique; mais cette limite paraîtrait maintenant plus normale, si elle était placée au *Canal de navigation maritime de Suez*, terminé en 1869, après treize années de travaux considérables, sous la direction d'un Français, M. de Lesseps.

Ce canal établit la jonction entre la Méditerranée et la mer Rouge, et, par suite, unit l'Europe aux Indes. Je le suis jusqu'à *Suez*, en partant de *Port-Saïd*, et en passant par *Ismaïlah*, villes et ports modernes; puis je parcours la *mer Rouge*, qui baigne aussi les côtes occidentales de l'Asie. J'ai à gauche l'*Arabie Pétrée*, avec le mont *Sinaï*, et les provinces d'Hedjaz et d'Yemen, qui appartiennent encore à la Turquie. Je vois *Yambo*, port de *Médine*, où est le tombeau de Mahomet, et *Djeddah*, port de *La Mecque*, lieu de naissance de ce prophète, deux villes saintes pour les musulmans; *Moka*, port de l'Yemen, célèbre pour son café. Je remarque, sans le traverser, le détroit de *Bab-el-Mandeb*, ou *Portes de la Mort*, longtemps redouté, mais aujourd'hui passage régulier de tous les navires qui vont aux Indes par l'isthme de *Suez;* et je vais toucher au *cap de la Table*, en AFRIQUE.

AFRIQUE.

Parties septentrionale et occidentale.

L'AFRIQUE a près du tiers de son étendue situé sous la zone torride. Aussi n'a-t-elle, en général, que deux saisons : la saison sèche et la saison pluvieuse. L'une est signalée par des chaleurs accablantes, et l'autre, par des pluies torrentielles qui font déborder les rivières, et entretiennent sur presque tous les rivages et sur certains plateaux des marécages aux exhalaisons pernicieuses. Dans la zone saharienne, y compris l'Égypte, où la pluie est presque inconnue, il n'y a qu'une saison, la saison sèche, où la chaleur est d'autant plus intense qu'elle est réfléchie par d'immenses plaines de sable, que parcourt souvent le terrible vent appelé *simoun*.

A ses deux extrémités du nord et du sud, on jouit d'un climat plus tempéré et plus salubre.

L'Afrique produit du millet, du riz, des oranges, des citrons, des dattes, de la gomme, de l'arachide, de l'huile de palme, du maïs, des fourrages, etc.

L'or, l'argent et le fer s'y trouvent assez abondamment, ainsi que les pierres précieuses.

Les principaux animaux sont : le lion, la girafe, le léopard, l'autruche, l'éléphant, l'hippopotame, le buffle, etc.

La traite, ou commerce des nègres destinés à l'esclavage, est aujourd'hui proscrite par les nations européennes.

L'Afrique a une surface d'environ 30 millions de kilomètres carrés. Sa population est évaluée à près de 200,000,000 d'habitants.

Je longe les côtes de l'*Abyssinie* et de la *Nubie*, qui forment l'ancienne Éthiopie. Le littoral de l'Abyssinie appartient, au moins nominalement, à l'empire Ottoman. L'intérieur, qui forme un vaste et haut plateau montagneux, accidenté de vallées profondes, de précipices, de torrents, de cataractes, de lacs, qui l'ont fait comparer à la Suisse, et qui présente en même temps d'épaisses forêts et des champs fertiles, constitue divers états indépendants, réunis momentanément, il y a quelques années, sous le sceptre du fameux Théodoros. La Nubie dépend entièrement de l'ÉGYPTE, dont on atteint les côtes, environ sous le tropique du Cancer.

L'ÉGYPTE dépend nominalement de l'empire Ottoman. Le vice-roi, ou khédive, a étendu son autorité sur la Nubie et sur une partie du Soudan, jusqu'aux lacs du bassin supérieur du Nil.

Les pluies ne sont pas fréquentes en Égypte. La chaleur y est extrême, surtout depuis mai jusqu'en novembre. Une sorte de printemps règne pendant le reste de l'année. La plus grande partie de l'Égypte présente le tableau d'une vallée étroite, arrosée par le Nil, bordée de chaque côté par des roches nues et des monts arides, mais dont le fond, fécondé par les inondations périodiques du Nil, est aujourd'hui encore aussi fertile qu'à l'époque où l'Égypte était le *grenier de l'empire Romain.*

L'Égypte produit en abondance les céréales, blé, maïs, dourah, etc.; les fèves, les lentilles, le coton, la canne à sucre, les palmiers, les dattiers; les melons d'Égypte sont renommés. On y trouve le *lotus*, espèce de lis d'eau, dont on mange la racine, et le *papyrus* ou *biblos*, dont on se servait pour écrire.

Je suis les côtes orientales de l'Égypte, désertes et inhospitalières; je touche à l'unique port de *Koseïr* (près de l'ancien Myos-Ormos) ; puis je pénètre de nouveau dans le *golfe de Suez;* et, après avoir traversé une seconde fois le canal du même nom, je rentre dans la Méditerranée.

Dès lors, portant à l'ouest, je vois les embouchures du *Nil*, dont deux seulement sont navigables.

La branche orientale débouche à *Damiette*, bon port, ville illustrée par saint Louis, roi de France, à sa première croisade. Je la remonte, et vais visiter *Le Caire* (350,000 hab.), capitale de l'Égypte, et la première ville de l'Afrique par son étendue et par l'importance de son commerce. Elle possède de nombreuses mosquées. Ses nouveaux quartiers sont construits à l'européenne, avec palais, bazars, squares et avenues. Elle a, comme nos capitales, des imprimeries, des colléges, des sociétés scientifiques. On voit aux environs les célèbres *Pyramides*, et les débris de *Memphis* et d'*Héliopolis.*

Je redescends le fleuve par sa branche orientale, à la tête de laquelle est établi un barrage grandiose, et qui débouche à *Rosette*, autrefois le port le plus important de l'Égypte. — Le bourg d'*Aboukir* est célèbre par le combat naval du 1er août 1798, où l'amiral anglais *Nelson* détruisit la flotte qui avait porté l'armée française en Égypte, et par une victoire remportée, l'année suivante, par les Français sur les Turcs. — Vient ensuite le port d'*Alexandrie* (200,000 hab.), sur une langue de terre, resserrée entre la Méditerranée et le lac *Mariouth*, avec lequel il communique par un canal. Cette ville a été bâtie par Alexandre le Grand, et devint, sous les Ptolémées, une des plus florissantes villes du monde. Il s'y trouvait la plus riche bibliothèque de l'antiquité, brûlée dit-on, par le calife Omar. Près d'Alexandrie était la petite île de *Pharos*, réunie au continent par un môle, terminé par une tour avec fanal, qui prit le nom de l'île et passa pour une des sept merveilles du monde. Alexandrie est redevenue le grand entrepôt de l'Europe et de l'Orient. Elle est la tête de ligne de nombreux paquebots sur Marseille, Brindisi, Trieste, etc., et d'un chemin de fer sur Le Caire et Suez.

J'arrive sur les côtes des anciens *États barbaresques*, pays généralement fertiles sur le littoral, mais d'une grande stérilité dans les terres. Je côtoie le plateau de *Barcah*, ancienne Cyrénaïque, avec les ports de *Derne* et de *Benghazi*, et j'entre dans le golfe de *Sydre* (grande Syrte). Puis je double le cap *Mesurata*, et je vois la ville de *Tripoli* (Æa), sur un promontoire peu élevé, capitale de la régence du même nom, dépendance de l'empire Ottoman. Son port est formé par un récif de rochers, qui l'abritent du vent du nord-est, le seul qui soit dangereux dans ces parages : ce port est peu étendu, mais très-sûr, et reçoit des vaisseaux tirant de 5 à 7 mètres d'eau. J'entre dans le golfe de *Gabès* (petite Syrte), séparé, par une langue de terre, d'une série de lagunes qui s'étendent jusqu'en Algérie et que l'on a l'intention de réunir à la mer.

Je longe les côtes de la *régence de* TUNIS, capitale *Tunis* (150,000 hab.), que je vais visiter, après avoir doublé le cap *Bon*. Cette ville, située à peu de distance des ruines de l'ancienne Carthage, sur un lac, et à quatre lieues de la mer, communique par un canal avec le golfe de son nom. C'est au siége de cette ville, en 1270, que saint Louis mourut de la peste.

Je côtoie l'ALGÉRIE (Numidie), colonie française, capitale *Alger* (62,000 hab.), ville fortifiée, bâtie en amphithéâtre, au bord de la Méditerranée. Ancien repaire de pirates, Alger fut bombardé par les Français en 1684, par les Anglais en 1816, et conquis enfin par les Français, en 1830. — Les autres ports de l'Algérie sont : *Bone*, *Philippeville*, *La Calle*, *Bougie* et *Oran*, ville fortifiée. Les principales villes de l'intérieur sont : *Constantine* (35,000 hab.), *Sétif*, *Médéah*, *Blidah*, *Orléansville* et *Mascara*.

Je longe l'empire de MAROC (Mauritanie), ayant pour villes principales *Maroc* (50,000 hab.), qui a donné son nom à des cuirs renommés, et *Fez* (90,000 hab.), qui a donné le sien à un genre de bonneterie orientale. Je vois les villes de *Mélilla*, de *Tétuan*, de *Ceuta* (Abyla), qui appartiennent aux Espagnols ; la dernière, située vis-à-vis de Gibraltar, en Espagne, est un lieu de déportation. Vient ensuite *Tanger* (Tingis), également sur le détroit de Gibraltar, compris de ce côté entre le *cap de Ceuta* et le *cap Spartel*.

Sortant du détroit de Gibraltar, j'entre dans l'*océan Atlantique*, et je longe les côtes occidentales du *Maroc*, où se trouve la ville de *Salé*, avec un port considérable, mais dont l'entrée est aujourd'hui tellement encombrée de sable, qu'il ne peut plus abriter que des navires d'une petite dimension.

Je vais visiter les îles *Madère*, ainsi appelées d'un mot portugais qui signifie *bois*, parce que les Portugais, en y arrivant pour la première fois, les trouvèrent couvertes de forêts auxquelles ils mirent le feu. Le sol, fertilisé par les cendres de cet incendie qui dura, dit-on, sept ans, produit des vins renommés. J'aborde ensuite aux îles *Canaries* (Fortunées), dont les Guanches furent les premiers habitants. J'y remarque l'*île de Fer*, où les géographes français placèrent longtemps le premier méridien; l'île de *Ténériffe*, où se trouve le pic de *Ténériffe*, volcan fameux que l'on voit de quarante lieues en mer; et l'île de *Palma*, qui renferme aussi un volcan.

De là, je longe les côtes du *Grand Désert* ou *Sahara*.

Le Sahara est un des traits caractéristiques de l'Afrique. Ce désert, aussi étendu que la moitié de l'Europe, est une véritable mer, dont un sable mouvant forme les vagues; dont les chameaux sont les navires; les caravanes, les convois; les Maures, les forbans; les *oasis*, les relâches. Cette mer a ses tempêtes, ses trombes et ses ouragans, soulevés par le terrible *simoun*, et qui ont englouti sous les sables des troupes entières de voyageurs. Le Sahara est la limite naturelle entre la race nègre et la race maure ou berbère; mais celle-ci a cependant étendu sa domination au-delà, dans le bassin du Niger.

Dans ce vaste espace d'immenses plaines sablonneuses, semées d'*oasis*, sont disséminées plusieurs tribus appartenant à la nation *berbère*. Elles y forment trois groupes principaux : les Berbères du Maroc ou *Maures* proprement dits ; ceux de l'Atlas algérien, connus sous le nom de *Kabyles* ou Kébaïls; les Berbères du désert ou *Touaregs*. — Ils sont mahométans, mais avec quelques traces d'idées chrétiennes, car les Berbères furent convertis au christianisme, au temps de la domination romaine. Toute leur richesse est dans leurs troupeaux; ils vivent presque uniquement de viande et de lait.

Je double le cap *Bojador* et le cap *Blanc*, près du banc d'*Arguin*, célèbre par le naufrage de la *Méduse* en 1816, et je quitte les côtes du Sahara. J'arrive au SÉNÉGAL, où l'on éprouve des chaleurs très-intenses, et dont le climat est en général malsain : j'y vois l'île et la ville de *Saint-Louis*, chef-lieu des possessions françaises du Sénégal. Je laisse à ma droite les îles du *Cap Vert*, aux Portugais, et je double le cap du même nom, non loin duquel se trouve la petite île de *Gorée*, à la France. Je vois ensuite l'embouchure de la *Gambie*, qui, avec le *Sénégal*, a fait donner le nom de *Sénégambie* aux pays qu'ils arrosent. Je m'éloigne un peu de la côte, pour éviter le banc et l'archipel des *Bissagos*.

Longeant ensuite la GUINÉE *septentrionale*, dont le sol, bas et humide, est généralement malsain, je vois la côte de *Sierra-Leone*, avec la ville du même nom, possession anglaise et très-bon port, où se fait un commerce assez important. Le pays est habité par des nègres *Foulahs* et *Mandingues*.

Je vois la côte des *Graines* ou du *Poivre*, avec la petite république nègre de *Liberia*, chef-lieu *Monrovia*, fondée sous la protection des Etats-Unis ; et, doublant le cap des *Palmes*, j'entre dans le *golfe de Guinée*.

Je longe la côte des *Dents* ou d'*Ivoire*; puis la côte d'*Or*, au-delà du cap des *Trois-Pointes* : la ville principale est *Coumassie*, capitale du royaume des *Achantis*, qui ont rendu tributaires la plupart des peuples voisins ; ils luttent aujourd'hui contre les Anglais, dont les comptoirs couvrent la côte d'Or, ainsi que la côte des *Esclaves*, où sont les royaumes de *Dahomey* et de *Benin.*

Je double le cap *Formose*, et je longe les royaumes d'*Ouary* ou *Calabar*, et la côte de *Biafra*, qui est sur le golfe du même nom. Je vois les îles *Fernando-Pô* et d'*Annobon*, aux Espagnols; celles du *Prince* et de *Saint-Thomas*, aux Portugais : celle-ci sous l'équateur. Là commence la Guinée *méridionale*. Je visite les estuaires du *Gabon* et de l'*Ogoué*, où sont des comptoirs français ; — l'embouchure du *Zaïre*, près duquel se trouve *San-Salvador*, capitale du *Congo*, située sur une montagne escarpée, dont le sommet présente une plaine extrêmement fertile et bien cultivée.

Je visite *Saint-Paul de Loanda*, port et capitale de l'*Angola* et de toutes les possessions portugaises de cette partie de l'Afrique ; l'embouchure du *Coanza* ; *Saint-Philippe de Benguéla*, port de mer, capitale du *Benguéla*, appelé le *paradis de la côte*, et qui sert de lieu de déportation pour les criminels portugais.

Je double le cap *Negro* ; je longe les côtes désertes du pays des *Grands Namaquas* ; et, au-delà de l'embouchure de l'*Orange*, j'atteins les côtes occidentales de la *colonie du Cap*, jusqu'au cap *Bonne-Espérance*, autrefois *cap des Tempêtes*, doublé pour la première fois, en 1497, par Vasco de Gama, Portugais. Cet événement fut chanté par Camoëns, dans le poème nommé les *Lusiades*, où le cap des Tempêtes est personnifié sous le nom du géant *Adamastor*. Au sud de la colonie du Cap, se trouve un banc de sable entouré d'écueils : il est connu sous le nom de *Agulhas* ou des *Aiguilles*.

Je quitte le continent africain et prends au large dans

l'océan Atlantique, sillonné par des légions de morues, de maquereaux et autres poissons voyageurs. Je me rends à l'île de *Sainte-Hélène*, possession anglaise, éloignée de la côte de cinq cents lieues, et célèbre par l'exil et la mort de Napoléon Bonaparte (1821). Je porte au nord vers l'île de l'*Ascension*, rocher à peu près stérile, qui appartient aussi aux Anglais, et qui a plusieurs bons mouillages. Je revois les îles du *Cap Vert*, découvertes en 1450; elles éprouvent de fréquents tremblements de terre. Puis, portant au nord-ouest, et traversant la mer des *Sargasses*, couverte à perte de vue de fucus gigantesques, j'atteins les îles *Açores*, au nombre de dix, la plupart volcaniques, pierreuses et mal arrosées : elles fournissent, cependant, du coton, du sel, de l'indigo; leur nom vient du mot *açor*, qui signifie épervier, parce que les Portugais, en les découvrant, y trouvèrent un grand nombre de ces oiseaux. J'y remarque *Tercère*, dont la capitale est *Angra*, siége du gouvernement des Açores.

Je porte à l'ouest, et j'arrive sur les côtes de l'AMÉRIQUE SEPTENTRIONALE.

AMÉRIQUE.

L'AMÉRIQUE, ou NOUVEAU MONDE, fut découverte, en 1492, par Christophe Colomb. Elle se compose de deux immenses presqu'îles, l'une au nord, l'autre au sud, réunies par l'*isthme de Panama*, à travers lequel on songe à faire passer un canal. Cette partie du monde offre un assemblage de longues chaînes de montagnes, d'épaisses forêts, des plaines immenses, dénuées d'arbres et couvertes d'une pelouse uniforme. Son sol fertile produit du blé, du coton, du sucre, du tabac, du cacao, des épices, des bois de teinture et de construction. Les animaux les plus remarquables sont, au nord : le renne, le cerf, le bison, le bœuf musqué, le loup, l'ours, le castor, l'hermine, et d'autres animaux à fourrures ; les contrées chaudes abondent en jaguars, tapirs, singes, lamas, alpacas et vigognes. On y remarque aussi, parmi les oiseaux, le condor, le nandou, le perroquet, l'oiseau-mouche et le colibri. L'Amérique est riche en minéraux: or, argent, mercure, fer, houille, diamants, pierres précieuses.

Sa surface est d'environ 42 millions de kilomètres carrés; sa population de 85 millions d'habitants.

Je rencontre d'abord l'île et le banc de *Terre-Neuve*, où les Européens font, et faisaient peut-être même avant les découvertes de Christophe Colomb, une pêche abondante de la morue.

Laissant à ma droite le *Groënland*, vaste région polaire, couverte de glace, mais dont les côtes occidentales sont garnies d'herbes et de mousse, je passe le détroit de Belle-Ile, entre l'île de Terre-Neuve et le *Labrador*, et j'arrive à l'embouchure du fleuve *Saint-Laurent*. Je remonte ce fleuve pour visiter *Québec* (60,000 hab.), ancienne capitale du *Canada*, sous la domination française : aujourd'hui le Canada forme une confédération coloniale ou *Dominion*, sous la protection de l'Angleterre, et a pour capitale *Ottawa* (30,000 hab.).

Le Saint-Laurent, qui, à plusieurs centaines de kilomètres de la mer, peut porter des flottes entières, traverse les lacs Supérieur, Michigan, Huron, Érié et Ontario; entre ces deux derniers lacs, il forme la célèbre cataracte du *Niagara*. Au sortir du fleuve Saint-Laurent, je traverse le golfe du même nom, avec les îles d'*Anticosti*, de *Saint-Jean* et du *Cap-Breton*; plus loin sont les îles de *Saint-Pierre* et *Miquelon*, seuls restes des possessions françaises dans ces régions.

Je côtoie la *Nouvelle-Écosse*, où je visite *Halifax*, capitale de cette presqu'île; j'entrevois la baie de Fundy, et j'arrive dans les États-Unis, la contrée de l'Amérique la plus importante par son étendue, sa population, son commerce et sa civilisation.

Les ÉTATS-UNIS secouèrent le joug des Anglais en 1776, et formèrent une confédération de treize États, portés aujourd'hui à trente-huit. Le sol offre, à l'est, sur la côte, de grandes plaines marécageuses et sablonneuses, auxquelles succèdent des vallées et des coteaux fertiles, puis les montagnes des Alleghanys. Au centre, l'immense bassin du Mississipi présente des plaines d'une incroyable fertilité, de riantes prairies, de magnifiques forêts, etc. A l'ouest, les montagnes Rocheuses abondent en forêts d'arbres gigantesques et en mines précieuses.

En été, même au nord, la chaleur y est excessive, et en hiver, le froid est très-rigoureux; au sud, le climat est très-malsain de juillet à octobre.

A l'embouchure du Charles-River, je vois *Boston* (250,000 hab.), patrie de Franklin, ville belle et commerçante; malheureusement l'entrée de son port, qui peut contenir 500 navires, est si étroite, que deux vaisseaux peuvent à peine y passer de front.

Je vois l'embouchure du *Connecticut*, celle de l'*Hudson*, qui arrose la ville de *New-York* (950,000 h.), première place des États-Unis, et l'une des premières du monde pour le commerce; brûlée pendant la guerre de l'Indépendance, elle fut rebâtie depuis avec plus de magnificence. — A l'embouchure du Delaware, se trouve *Philadelphie* (675,000 hab.), fondée par le quaker Guillaume Penn, grande et belle ville, où se tint le *Congrès* ou gouvernement représentatif des États-Unis jusqu'en 1800; le fleuve est navigable jusqu'à cette ville pour les vaisseaux de haut bord. — Le *Potomac*, qui se décharge dans la *baie de Chesapeake*, traverse *Washington* (110,000 hab.), capitale actuelle des États-Unis; fondée en 1792, cette ville reçut le nom du libérateur et du législateur de cette belle partie de l'Amérique. Au fond de la baie de Chesapeake, est *Baltimore* (270,000 hab.), grand port de commerce. — Viennent ensuite le port de *Charles-Town* et celui de

Savannah, à l'embouchure de la rivière du même nom.

Je longe les côtes orientales de la *Floride*, en suivant le nouveau *canal de Bahama*, par où s'échappe le courant du *Gulf stream*, et je laisse à gauche les îles *Lucayes* ou *Bahama*, au nombre de cinq cents; elles appartiennent aux Anglais.

Je double le *cap Sable*, au sud de la presqu'île de la Floride; j'entre dans le *golfe du Mexique;* je longe les côtes occidentales et méridionales de la Floride, où je vois *Pensacola*, port de mer, capitale de cet État, avant *Tallahassee*, situé dans l'intérieur. Je contourne ensuite les immenses alluvions formées par les bouches du *Mississipi*, fleuve qui arrose la *Nouvelle-Orléans* (190,000 hab.), ville toute française, et l'une des plus grandes des États-Unis. Elle est le chef-lieu de la *Louisiane*, et le centre du commerce du coton. Les naturels appellent *Meschacebé*, ou Père des fleuves, le Mississipi, qui, dans son cours de 7,000 kilomètres, reçoit un grand nombre de fleuves, entre autres le Missouri et l'Ohio.

Je suis les côtes du *Texas*, ancienne province mexicaine; et, au delà du Rio-Grande del Norte, j'atteins les côtes du MEXIQUE.

Tout l'intérieur du MEXIQUE forme un plateau élevé, appelé les *terres froides;* les talus du plateau sont les *terres tempérées;* les provinces maritimes, ou *terres chaudes*, sont sujettes à des chaleurs excessives. Il y a des mines d'or et d'argent; on y récolte du riz, du maïs, du sucre, du cacao, de la vanille, de l'indigo, du bois de campêche. Les animaux de cette contrée sont : le crocodile, le cougouar, une espèce particulière de chiens, et des reptiles qui parviennent à des dimensions extraordinaires.

Mexico (200,000 hab.), la capitale, est une des plus grandes et des plus belles villes du Nouveau Monde;

sa forme régulière, ses larges rues, ses maisons surmontées de terrasses au lieu de toits, son élévation au-dessus du niveau de la mer, et le voisinage de plusieurs lacs pittoresques, tout contribue à lui donner un magnifique aspect. On remarque dans la cathédrale de cette ville une lampe, dans laquelle trois hommes peuvent entrer pour la nettoyer. Près de Mexico sont deux pyramides, consacrées par les anciens habitants au Soleil et à la Lune.

Je vois la *Vera-Cruz*, le principal port du Mexique, dans une situation très-insalubre, exposée aux ravages de la fièvre jaune ; — *Campêche*, port de mer sur le golfe du même nom, dans la presqu'île de *Yucatan*, et qui fait un commerce considérable de bois de teinture.

Je passe par le *détroit de Yucatan*, entre le cap *Catoche*, situé à l'extrémité de la presqu'île, et le cap *Saint-Antoine*, situé à l'extrémité occidentale de l'île de *Cuba;* et j'entre dans la *mer des Antilles*, vaste bassin compris entre l'archipel des ANTILLES et le long môle qui joint les deux Amériques.

On ne connait aux ANTILLES que deux saisons : l'été et la saison des pluies. Les coups de vents y sont redoutables. La chaleur y serait insupportable, si des brises de mer ne la tempéraient. Toutes les îles fournissent du coton, du sucre, du cacao, du tabac, des épices ; on y trouve aussi les plantes et les animaux domestiques de l'Europe.

Je porte vers *La Havane* (205,000 hab.), capitale de l'île de Cuba, la plus riche des possessions espagnoles, avec un port vaste et sûr qui pourrait contenir mille navires: l'entrée, qui est étroite, est défendue par plusieurs forts.

Je vais ensuite à la *Jamaïque* (aux Anglais), capitale *Kingston*, qui possède un vaste port; —puis à *Saint-Domingue* ou *Haïti*. Cette île, une de celles qui furent découvertes par Christophe Colomb, est très-fertile. Elle appartenait jadis aux Français et aux Espagnols. En 1793, les nègres et les mulâtres de la partie française se révoltèrent, et formèrent une république, ayant pour chef un président, et dont l'indépendance fut reconnue par la France en 1825. Ils furent gouvernés plus tard par l'empereur Soulouque, qui prit le nom de Faustin Ier. L'île forme aujourd'hui deux républiques : la république de *Haïti* (partie française), la république *Dominicaine* (partie espagnole). — *Cap-Haïtien*, autrefois Cap-Français, sur la côte du nord, possède un bon port, ainsi que *Port-au-Prince*, capitale actuelle de la république de Haïti, situé au fond d'une grande baie, mais dans une position basse et marécageuse, et par conséquent malsaine. — *Saint-Domingue*, capitale de la république Dominicaine, a un port magnifique, mais dont l'entrée est difficile pour les vaisseaux tirant plus de six à sept mètres.

Je visite l'île de *Porto-Rico*, colonie espagnole, et *San-Juan*, sa capitale, qui a un bon port défendu par une citadelle et un château. — Plus loin se présente un groupe d'une vingtaine de petites îles, nommées *îles Vierges* : elles appartiennent aux Anglais et aux Danois. Ces derniers possèdent, entre autres, *Saint-Thomas*, dont le port franc est le grand point de ralliement des paquebots européens.

Je visite les petites *Antilles* ou *îles du Vent*, qui appartiennent à diverses puissances européennes. Les principales sont : *Saint-Barthélemy*, à la Suède ; la *Guadeloupe* et la *Martinique*, à la France ; *Saint-*

Christophe, la *Dominique*, *Sainte-Lucie*, *Saint-Vincent*, la *Barbade* et la *Trinité*, à l'Angleterre. — Je laisse à ma droite les *îles sous le Vent*, dont la principale est *Curaçao*, aux Hollandais.

Je quitte les Antilles pour atteindre les côtes de l'Amérique méridionale.

Je vois les bouches de l'*Orénoque*, qui se jette dans l'océan Atlantique par cinquante embouchures, dont sept seulement sont navigables. Ce fleuve est remarquable par sa profondeur; mais la navigation y est très-difficile en certains endroits.

J'arrive sur les côtes de la Guyane, qui présentent des terrains bas et marécageux. L'intérieur, couvert en partie de forêts impénétrables, serait très-fertile, s'il était cultivé, et abonde en métaux précieux. Je vois la *Guyane anglaise*, capitale *George-Town*, sur le Démérari; — la *Guyane hollandaise*, capitale *Paramaribo*, sur le Surinam; — la *Guyane française*, capitale *Cayenne*, dans l'île du même nom, avec un port large et commode; près de là est la plage marécageuse de *Sinnamari*, lieu de déportation, à l'époque de la Révolution française.

Je longe les côtes du Brésil, et reconnais le fleuve des *Amazones*, appelé aussi *Maranon*, qui, à son embouchure, a plus de 240 kilomètres de large d'une rive à l'autre. Le courant est si rapide et le volume d'eau qu'il roule si considérable, qu'il refoule l'Océan, et que ses eaux se reconnaissent à plus de 120 kilomètres du rivage. En revanche, le flux de la mer, en pénétrant dans la vaste embouchure de ce fleuve, arrête les eaux, qui s'élèvent en formant une barre de cinq mètres de hauteur, et s'avancent avec rapidité, entraînant les arbres et les rochers qui leur résistent. Les Indiens nomment ce phénomène *Pororoca*.

Le Brésil, ancienne colonie portugaise, devenu empire indépendant en 1822, a des mines d'or et de diamant; il produit du café, de l'indigo, du cacao, du mathé ou thé du Paraguay, et toutes les richesses de la végétation des tropiques; on y trouve des crocodiles, des serpents, des singes, et beaucoup d'autres animaux féroces et sauvages.

Le nord du Brésil offre de vastes plaines marécageuses, chaudes, malsaines, entrecoupées d'épaisses forêts. Mais les provinces méridionales sont en général montagneuses, agréables, salubres et fertiles.

Sur la côte du Brésil, je trouve *Bélem* ou *Para* (30,000 hab.), port de mer. — Après avoir doublé le cap Saint-Roch, je vois les villes de *Natal*, *Parahyba* et *Pernambouc* (100,000 hab.), ports de mer; — *San Salvador* ou *Bahia* (150,000 hab.), ville très-commerçante sur la baie de Tous-les-Saints: son port, défendu par des forts et des batteries, offre un bon mouillage à l'abri de tous les vents; elle fut la capitale du Brésil jusqu'en 1773. — Au delà de *Porto-Seguro* et de *Victoria*, autrefois Espiritu-Santo, est *Rio de Janeiro* (420,000 hab.), capitale du Brésil. Son port est un des plus vastes et des plus sûrs du globe : l'entrée est dominée d'un côté par une colline très-élevée, et qui doit à sa forme conique le nom de *Pain-de-Sucre;* de l'autre par un énorme rocher de granit, que couronne le château de *Santa-Cruz*. Sa rade est parsemée d'un nombre considérable d'îles d'un aspect pittoresque.

Je remarque ensuite les ports de *Desterro* et de *Porto-Alègre* (25,000 hab.). Puis je côtoie la république de l'Uruguay, capitale *Montevideo* (45,000 hab.), située sur la rive gauche de l'estuaire de la *Plata*, qui, à son embouchure, a plus de 200 kilomètres de large.

Sur la rive droite du fleuve, se trouve la république de *Rio de la Plata*, ou RÉPUBLIQUE ARGENTINE, qui offre les climats les plus variés : sur les cimes des Andes règne un hiver perpétuel, et plus bas, dans de fertiles vallées, on jouit d'un climat délicieux ; le centre du pays présente de grandes plaines marécageuses, entrecoupées de bois, entre autres, celle qui porte le nom de *Gran Chaco;* et au midi, on remarque le vaste désert des *Pampas*. *Buenos-Ayres* (bon air) (175,000 hab.), sa capitale, située sur le fleuve, fait un commerce très-étendu ; mais son port, quoique vaste, est d'un abord dangereux.

Je longe ensuite les côtes orientales de la *Patagonie,* qui appartiennent à la république Argentine : c'est une contrée très-peu connue, froide, sauvage et stérile. Je laisse à ma gauche les îles *Malouines* ou *Falkland*, aux Anglais, et, plus au large, la *Géorgie méridionale* et le *Nouveau-Shelland.*

Je fais le tour de la *Terre de Feu*, découverte par Magellan : son nom lui vient de grands feux, que les habitants allumèrent à l'approche de ce navigateur, ou peut-être des volcans qui étaient alors en activité ; ses côtes sont arides, sauvages et bordées d'énormes falaises; l'intérieur, froid et généralement stérile, paraît peu propre à la colonisation.

Après avoir doublé le *cap Horn*, situé dans l'îlot le plus méridional de l'archipel de la Terre de Feu, je me trouve dans le GRAND OCÉAN, et je porte au nord. Je longe les côtes occidentales de la Patagonie, qui dépendent du CHILI, et je vois l'archipel de la *Mère-de-Dieu*, la presqu'île des *Trois-Montagnes*, l'île *Chiloé*. Viennent ensuite *Valdivia*, bon port, sur la rive gauche de la rivière du même nom; *Valparaiso* (70,000 hab.), premier port de l'Amérique méridionale, sur le Pacifique, communiquant, par un chemin de fer, avec *Santiago* (120,000 hab.), capitale du Chili.

Je vais à l'île *Juan-Fernandez*, où fut abandonné le marin écossais Selkirk, dont l'histoire donna lieu au roman de *Robinson Crusoé*. Je vois les îlots de *Saint-Ambroise* et de *Saint-Félix*, et je passe le tropique du Capricorne.

Je longe les côtes de la Bolivie ou *haut Pérou*, pays fertile dans les vallées, mais froid et inculte sur les cimes des Andes, qui le traversent du nord au sud. Je vois le Pérou propre ou *bas Pérou*, traversé également par les mêmes montagnes, qui recèlent d'abondantes mines d'or et d'argent. Toute la partie cultivée de ce pays est d'une grande fertilité : entre les deux Andes et la mer on éprouve de grandes chaleurs, et la pluie y est inconnue, tandis que dans les vallées de l'intérieur, la chaleur est tempérée par l'humidité du sol. Je passe devant les îles *Chincha*, importantes par l'exploitation du guano. Je visite *Lima* (160,000 hab.), capitale, fondée par Pizarre, grande et belle ville, à dix kilomètres de la mer, où se trouve *Callao*, qui lui sert de port. Lima est fréquemment éprouvée par des tremblements de terre. *Truxillo*, port de mer, a été bâti en 1553 par Pizarre, qui lui donna le nom de sa ville natale.

Je double la pointe *Aguja*; j'entre dans le golfe de *Guayaquil*, au fond duquel est la ville de ce nom (25,000 hab.), port le plus important de la république de l'Équateur. Le climat de cette contrée, malgré sa situation sous la ligne équinoxiale, est tempéré par la haute chaîne des Andes, qui y projette les sommets élevés du *Chimborazo* (6,550 mètres), de l'*Antisana*

(6,000 mètres), du *Pichincha*, du *Cotopaxi*, etc., presque tous volcaniques. — *Quito* (80,000 hab.), capitale de l'État, est à une altitude de près de 3,000 mètres.

Je longe ensuite les côtes de la *Nouvelle-Grenade* ou COLOMBIE, également traversée par les Andes, et dont la capitale est *Santa-Fé-de-Bogota* (40,000 hab.), située dans une plaine très-élevée. On admire, près de cette ville, la magnifique cataracte de *Toquendama*, formée par la rivière de Bogota ; cette cataracte tombe du haut d'un rocher de 200 mètres.

Je pénètre dans le *golfe de Panama*, où la ville du même nom est unie, à travers l'isthme, par un chemin de fer avec *Chagres*, sur la mer des Antilles, en attendant qu'un canal projeté unisse les deux océans. Je suis les côtes de l'*Amérique centrale*, toujours dominées par une chaîne de volcans ; — les côtes occidentales du Mexique, où je remarque le port d'*Acapulco*, le golfe de Californie et la longue presqu'île de Basse-Californie. — Puis j'atteins la Haute-Californie, ou *Californie* proprement dite, qui fait partie des États-Unis, et que ses mines d'or ont rendue célèbre. *San-Francisco* (150,000 hab.), sa capitale, port magnifique sur le Pacifique, est uni à New-York et aux autres ports de l'Atlantique par un chemin de fer, qui traverse l'Amérique du Nord dans toute sa largeur.

Je longe les territoires de l'*Orégon* et de *Washington*, toujours aux États-Unis; la *Colombie britannique*, à l'Angleterre. Laissant au nord le territoire *d'Alaska*, ancienne *Amérique russe*, cédée aujourd'hui aux États-Unis, je me dirige en plein Océan vers le Monde maritime ou OCÉANIE.

OCÉANIE.

L'Océanie, ou *Monde maritime*, se divise en quatre parties. La *Polynésie*, à l'E., et la *Micronésie*, au N.-O., se font remarquer par la petitesse et le grand nombre de leurs îles, au climat délicieux. La *Malaisie*, à l'O., est caractérisée par ses grandes îles, par le mélange de peuples civilisés et de peuples barbares : on y trouve le tigre, l'éléphant, le rhinocéros, le buffle, de grands singes et d'énormes serpents; la végétation y est d'une richesse inouïe. L'*Australie* ou *Mélanésie*, au S.-O., moins bien douée de la nature, doit son importance à la colonisation européenne.

Le Monde maritime a une surface de 12,000,000 de kilomètres carrés, et une population de 38,000,000 d'habitants.

POLYNÉSIE ET MICRONÉSIE.

Je me dirige vers les îles *Sandwich*, situées sous le tropique du Cancer, et découvertes par le capitaine Cook, qui y périt en 1779. La principale est *Hawaï*, capitale *Honolulu*, port fréquenté par les baleiniers. Ces îles, au sol volcanique, forment le seul État indigène de l'Océanie qui ait pris les usages européens.—Je porte au sud-est ; je vois les îles *Mendana* ou *Marquises*, qui ont été découvertes par Mendana, et sont sous le protectorat français ; les habitants en sont remarquables pour la belle proportion de leurs formes et la régularité de leurs traits : ces îles jouissent d'un climat sec et salubre, et offrent des aspects enchanteurs ; — l'archipel des îles *Basses*, formé, comme l'indique son nom, de petites îles basses et marécageuses, entourées de récifs ; — les îles de la *Société*, dont la principale est *Taïti*, renommée pour ses points de vue pittoresques et la variété de ses productions, et qui sont sous le protectorat français ; — les îles *Samoa*, ou archipel des *Navigateurs*, comprenant dix îles des plus fertiles de l'Océanie ; — les îles des *Amis* découvertes par le capitaine Cook, qui les nomma ainsi, à cause du bon accueil qu'il y reçut; on y jouit d'une douce température ; le sol est fertile et bien cultivé, mais fréquemment bouleversé par des tremblements de terre; — les îles *Fidji*, peu élevées et environnées de récifs dangereux, et placées sous la protection de l'Angleterre ; — la *Nouvelle-Calédonie*, qui est une colonie française et un lieu de déportation ; — les *Nouvelles-Hébrides*, dont plusieurs sont volcaniques, et qui offrent, presque toutes, un sol fertile, de belles forêts, et les plus délicieuses perspectives ; la principale de ces îles est *Vanikoro*, où La Pérouse a fait naufrage, en 1788. — Viennent ensuite les îles de la *Reine-Charlotte* ; l'archipel *Salomon* ; puis, au nord de l'équateur, les îles *Carolines* ; les îles des *Larrons* ou *Mariannes*, au nombre de quinze, dont trois seulement sont habitées : elles appartiennent aux Espagnols; le premier nom leur fut donné par Magellan, qui y avait été volé à son arrivée; mais le dernier prévalut, lorsque la reine Marie-Anne, femme de Philippe IV, roi d'Espagne, y eut envoyé des missionnaires au dix-septième siècle.

ASIE.

Partie orientale.

Je porte au nord, où je revois les côtes d'Asie. Je double le cap *Lopatka*, au sud du *Kamtschatka*, presqu'île couverte de montagnes volcaniques, et dépendance de la *Sibérie* ou Russie d'Asie, dont les côtes septentrionales sont à peu près inabordables. Je laisse à ma gauche les îles *Kouriles*, et j'entre dans la mer d'*Okhotsk*, au fond de laquelle se trouve la ville du même nom, avec un bon port et des chantiers de construction : c'était jadis l'entrepôt général du commerce de la Sibérie orientale. Mais actuellement, plus au sud, à l'embouchure du *Saghalien* ou *Amour*, c'est le nouveau port de *Nikolaiew*, chef-lieu des possessions russes de la *Mandchourie*, et port très-fréquenté. Vis-à-vis est l'île de *Saghalien*, séparée de la côte par la *Manche de Tartarie*, et dont la partie méridionale a été cédée par le JAPON à la Russie.

J'entre dans la *mer du Japon*.

Le JAPON est un archipel formé de nombreuses îles (3,850 environ), dont les plus considérables sont : *Nippon* au centre, *Sikok* et *Kiou-Siou* au sud, *Yesso* au nord ; de plus, les *Kouriles* occidentales, l'archipel *Licou Kieou*, qui lui est disputé par la Chine, et les îles *Bonin*. Le pays est hérissé de montagnes, est occupé d'un grand nombre de rivières, et sujet aux tremblements de terre. La température y est excessivement chaude en été, et très-rigoureuse en hiver, surtout à Yesso ; le sol est peu fertile, mais bien cultivé, et produit le riz, la patate, le mûrier, le thé, le coton, le tabac, le camphre, le vernis du Japon, etc.

Dans l'île de Nippon est *Yedo* (750,000 hab.), capitale de l'empire, sur le golfe du même nom, avec un port : c'est une des villes les plus remarquables de l'Asie ; le palais du *mikado*, ou empereur, est magnifique. *Kioto* ou *Miaco* (200,000 hab.), ancienne capitale spirituelle, et *Osaka* (400,000 hab.), centre du commerce et de l'industrie de l'empire, sont dans la même île.

La population du Japon est d'environ 40 millions d'habitants, mélange de Chinois, de Mandchoux et de Malais. La religion la plus répandue est le bouddhisme.

Le Japon a longtemps été fermé aux Européens ; mais, depuis quelques années, c'est le pays de l'extrême Orient qui a accepté avec le plus d'entrain la civilisation européenne. Il a aujourd'hui des chemins de fer, des télégraphes, des usines. Son commerce consiste en soie, thé, porcelaine, varech, laques, etc. Il se fait par les ports de *Nagasaki, Osaka, Yokohama*, Niegata, Hakodadé.

Je quitte les côtes du Japon, et, traversant le détroit de Corée, je vois les côtes de la *Corée*, presqu'île appartenant à la Chine; le climat y est généralement froid; le midi cependant est très-fertile; la capitale est *King-Kitao*, dans les terres. J'entre dans la *mer Jaune*, je vois les golfes de Leao-Tong et de Pe-tché-li, où débouche le *Peï-ho*, que je remonte pour me rendre à *Peking*, capitale de la CHINE.

La CHINE est un pays fertile et cultivé avec beaucoup de soin; le climat est rigoureux au nord, et au sud sujet à de grandes chaleurs; mais il se prête aux cultures les plus variées, thé, riz, froment, canne à sucre, gingembre, canelle, etc. La population de la Chine dépasse, dit-on, 400 millions d'habitants.

On admire au nord de la Chine, depuis environ deux mille ans, une immense muraille de 500 lieues de long, bâtie pour empêcher les incursions des Tartares, qui l'ont néanmoins franchie à plusieurs reprises.

Peking, situé sur le *Yu-ho*, affluent du *Peï-ho*, avec lequel il communique par un canal, forme deux villes, l'une appelée *King-Tching*, ville impériale, contient le palais de l'empereur et toutes les administrations civiles; l'autre, *Vaï-Lotching*, ville extérieure, est particulièrement chinoise, tandis que la première est surtout tartare. La population de Péking est de 2 millions d'habitants.

Je vois l'embouchure du *Hoang-ho*, ou fleuve Jaune, dont les débordements sont redoutables, et celle du *Kiang* ou fleuve Bleu : non loin de l'embouchure de ce fleuve, est *Nanking*, ancienne capitale de la Chine. Cette ville, aussi grande que Péking, était jadis presque aussi peuplée et renfermait des monuments magnifiques, entre autres la tour dite de porcelaine qui était proverbiale. Tout a été détruit pendant la désastreuse insurrection des Taï-ping.

Le traité de Nanking, en 1842, n'ouvrait au commerce étranger que les ports chinois de Canton, Amoy, Fou-Khiou, Ningpo et Shangaï. — Ceux de Tien-Tsin (1858) et de Péking (1860) lui ont ouvert en outre les ports suivants : Niou-Chouang, Teng-Tcheou, Swa-Tao, Taï-Wang (île de Formose), Kioung-Tcheou (île de Haïnan), Tien-Tsin, Tching-Kiang, Han-Kéou.

Je passe le canal de *Formose*, entre l'île du même nom et la côte de la Chine ; je me trouve dans la mer de Chine, en laissant à ma gauche les îles *Philippines*, dépendances de l'Espagne, et dont un grand nombre sont volcaniques et sujettes à des tremblements de terre : la principale est *Luçon*, capitale *Manille* (140,000 hab.)

Je visite *Canton*, dans la baie du même nom, ville grande, riche, et peuplée de 1 million d'habitants, avec un port sûr et commode. L'île de *Macao*, dans la baie de Canton, est un important établissement portugais; l'île de *Hong-Kong*, à l'entrée de la baie, est une possession anglaise.

Je passe le détroit de *Haïnan*, en laissant à ma gauche l'île de ce nom ; j'entre dans le golfe de Tonking, et j'arrive sur les côtes de l'empire d'ANNAM, compris dans la région dite de l'INDO-CHINE. Ce pays est traversé à l'ouest par une chaîne de montagnes, couvertes de forêts et habitées par des tribus sauvages ; à l'est, entre cette chaîne de montagnes et la mer, le climat est très-doux, et le sol un des plus fertiles du globe. Il comprend deux grandes divisions, le *Tonking* et la

Cochinchine. Le Tonking a pour capitale *Kescho*, situé dans les terres, et que l'on dit être plus grand que Paris : c'était autrefois la métropole de tout l'empire d'Annam; elle a cédé ce rang à *Hué* (100,000 hab.), capitale de la Cochinchine, ville fortifiée à l'européenne. Je vois l'embouchure du *Mékong* ou Cambodge, qui traverse le royaume de *Cambodge*, aujourd'hui sous le protectorat français; et je m'arrête à *Saïgon* (80,000 hab.), chef-lieu de la COCHINCHINE FRANÇAISE, ville forte et bien située, avec un port excellent sur la rivière de son nom, affluent du Cambodge. L'arrivée des Français a donné un grand mouvement commercial à Saïgon.

J'entre dans le golfe de *Siam*, en longeant les côtes du royaume de Cambodge. Je visite le royaume de SIAM, formé d'une grande et belle vallée, arrosée par le *Meï-Nam*, qui vient se jeter au fond du golfe. *Siam* ou *Juthia*, à peu de distance de la mer, ville bien bâtie et jadis considérable, est située sur le Meï-Nam, à l'embouchure duquel je vois *Bankok* (400,000 hab.), capitale actuelle du royaume et port de mer très-commerçant : ses nombreux canaux et son temple de Boudha aux flèches dorées en font la Venise de l'Indo-Chine

Je longe les côtes de la presqu'île de *Malacca*, qui est traversée par une chaîne de montagnes abondantes en mines d'étain. L'intérieur de cette presqu'île, dont la capitale est *Malacca*, sur le détroit du même nom, est peu connu. Je double le *cap Romania*, qui en forme l'extrémité méridionale, et j'aborde à *Singapore*, située dans une petite île du même nom, et dont la population est d'environ 100,000 habitants. Cette ville fait un commerce considérable ; c'est le chef-lieu des *établissements du Détroit*, qui comprennent Poulo-Penang, Malacca, Singapore et la province de Wellesley.

OCÉANIE.

MALAISIE ET MÉLANÉSIE.

Je quitte les côtes de l'Asie, et je pénètre au milieu des îles de la Malaisie. Je vois *Bornéo*, qui passe pour la plus grande île du globe ; elle est traversée par une chaîne de montagnes, et l'intérieur forme un immense plateau très-élevé; sa capitale, qui porte le même nom, a un très-bon port.

Je porte à l'est, vers les *Moluques* ou *îles aux Épices*, qui produisent le giroflier et le muscadier; je remarque, en passant, la grande île de *Célèbes* ou *Macassar*, composée de quatre presqu'îles séparées par des golfes: on y trouve le *bohon upas*, arbrisseau d'où découle un suc vénéneux d'une effrayante activité, et dans lequel les Macassars trempent leurs poignards et leurs flèches.

Laissant au sud l'archipel de *Timor*, qui appartient aux Portugais et aux Hollandais, j'entre dans la Mélanésie. Je vois la *Nouvelle-Guinée* ou *Terre des Papous* : les côtes de cette île sont très-élevées ; et l'intérieur, à peu près inconnu, est couvert des plus belles forêts; on y voit des oiseaux de paradis.

Je traverse le détroit de *Torrès*, entre la Nouvelle-Guinée et la *Nouvelle-Hollande*, appelée aussi *continent austral* ou AUSTRALIE, et qui comprend six grandes colonies relevant de l'Angleterre. La température de ce continent est très-chaude au mois de décembre, surtout à l'est des montagnes Bleues; on a vu les forêts et les arbres prendre feu, le vent du nord-ouest brûler la terre et la réduire en poudre; souvent une pluie violente enfle subitement les rivières; mais, en général, le climat est très-salubre.

Je vois *Brisbane*, capitale de la colonie de *Queensland; Sidney* (135,000 hab.), capitale de la *Nouvelle-Galles-du-Sud*, sur le *Port-Jackson*, un des havres les plus beaux, les plus commodes et les plus sûrs de toute l'Australie; *Botany-Bay*, baie spacieuse, découverte par le capitaine Cook, et ainsi nommée par lui, à cause de la grande quantité de plantes qu'il trouva sur ses bords. Elle fut longtemps un lieu de déportation pour les criminels de l'Angleterre.

Je quitte les côtes orientales de l'Australie, laissant à ma droite le détroit de *Bass*, qui la sépare de la terre de *Van-Diemen*, nommée aujourd'hui *Tasmanie*. Cette île, plus fertile en général que l'Australie, appartient également aux Anglais. Je double, au sud de cette île, le *cap Sud*, en laissant à ma gauche la *Nouvelle-Zélande*, autre colonie anglaise, composée de deux grandes îles séparées par le détroit de Cook, et près de laquelle se trouvent les antipodes de Paris.

Je longe les côtes méridionales et occidentales de l'Australie et, en particulier, celles de la colonie de *Victoria*, importante par ses laines et ses mines d'or, capitale *Melbourne* (200,000 hab.); puis celles de l'*Australie méridionale*, capitale *Adelaïde* (30,000 hab.).

Je porte au nord-est et je rentre dans la Malaisie par les îles de la *Sonde*, possédées en grande partie par les Hollandais. Je vois *Timor*, *Flores* et *Sumbawa*; — *Java*, traversée par une chaîne de montagnes, et d'une fertilité extraordinaire; mais une partie de son territoire est occupée par des déserts et des forêts presque impénétrables: sa capitale est *Batavia* (150,000 hab.); — *Sumatra*, située sous l'équateur, et séparée de l'île de Java par le détroit de la Sonde, et de la presqu'île de *Malacca* par le détroit du même nom ; le sol n'en est pas très-fertile; une chaîne de montagnes la parcourt dans toute sa longueur.

ASIE

Partie méridionale.

J'entre dans l'Océan Indien, où règnent les *moussons*, vents périodiques de six mois : ils soufflent du sud-ouest, d'avril en octobre ; et d'octobre en avril, du nord-est et du nord-ouest. On pêche dans cette mer une quantité prodigieuse de coquillages et de perles.

Je visite alors les îles *Nicobar*, au nombre de dix principales ; celles d'*Andaman*, dont le sol est montagneux et couvert de forêts, mais bien arrosé et fertile: elles produisent l'ébène, le bois rouge, le bambou ; et l'archipel de *Merghi*, près de la presqu'île de Malacca.

Je fais voile vers le nord, en suivant les côtes de cette presqu'île (ancienne Chersonèse d'or), et j'arrive à l'embouchure de l'*Irravadi* : ce fleuve traverse la Birmanie, dont l'intérieur forme un empire, capitale *Mandalé* (100,000 hab.), et dont les côtes appartiennent aux Anglais. J'entre dans le golfe du *Bengale*, au fond duquel le *Gange*, un des plus beaux fleuves du globe, se jette par un grand nombre de bouches. Sur l'*Hougly*, bras occidental de ce fleuve, je remarque *Calcutta*.

Calcutta (1 million d'habitants) est située à 120 kilomètres de la mer, et divisée en deux villes : les indigènes habitent la ville noire, qui est construite en bambous, et les Européens la ville blanche, remarquable par sa magnificence. Elle possède une académie mahométane et une *Société asiatique*, qui est le premier corps savant de l'Orient. C'est une des plus belles villes de l'Asie, et l'entrepôt d'un commerce immense. Sa fondation date d'environ un siècle. Elle est la capitale de l'empire Indo-Britannique, qui comprend la plus grande partie de l'Inde, et près de 200 millions d'habitants. Auprès de cette ville est *Chandernagor*, aux Français ; et la forêt d'Orixa, habitée par les *Parias*, caste indienne en horreur aux autres peuples de l'Inde.

Je longe les côtes orientales de l'HINDOUSTAN, vaste et populeuse contrée, qui jouit d'un climat délicieux, où jamais l'hiver ne fait éprouver ses rigueurs; ce pays est célèbre par ses mines de diamant. Je vois l'embouchure du *Godawery* et celle du *Krishna* ; — *Madras* (450,000 hab.), ville très-commerçante, avec un fort appelé *fort Saint-Georges* : les Français s'en emparèrent en 1747, et le rendirent l'année suivante, par le traité d'Aix-la-Chapelle ; — *Pondichéry* (40,000 hab.), aux Français, situé sur la côte de Coromandel, qui est riche en minéraux : cette ville est privée de port; mais elle a une bonne rade, protégée par un fort.

Je traverse le *détroit de Palk*, et j'arrive sur les côtes de l'île de *Ceylan* (Taprobane), possession anglaise, capitale *Colombo ;* son meilleur port est *Trinquemalé*. Les Hindous ont placé le paradis terrestre dans cette île, qui présente un aspect enchanteur : elle est arrosée par un grand nombre de rivières, et couverte d'épaisses forêts; l'air y est embaumé par un nombre infini de plantes aromatiques et d'arbres odoriférants ; il s'y trouve des troupes d'éléphants. Ceylan produit de l'or et une grande variété de pierres précieuses ; et la pêche de perles qui se fait sur ses côtes est la plus considérable du globe.

J'y remarque le *pic d'Adam*, montagne fort haute, de forme conique, dont les flancs sont couverts de bois impénétrables. Le chemin qui conduit à son sommet est escarpé, et dangereux dans quelques endroits; c'est l'ouvrage des pèlerins qui vont y visiter la trace d'un pied que l'on dit être celui d'Adam. Le détroit de Palk, qui sépare Ceylan de l'Hindoustan, présente une suite de bancs de sables et de rochers, nommée encore *Pont d'Adam*.

Je porte au nord, et je laisse à ma gauche les *Laquedives* et les *Maldives*, archipels dépendant de l'Hindoustan: elles sont au nombre d'environ **2,000**; on y pêche des *cauris*, espèce de coquillage qui sert de monnaie aux habitants.

Je longe la côte ouest de l'Hindoustan, après avoir passé le golfe de Manaar et doublé le cap *Comorin*. Je vois *Cochin*, ville bien fortifiée, qui a été longtemps le principal établissement des Hollandais dans les Indes; — *Calicut*, avec un bon port, où débarqua Vasco de Gama, et qui a donné son nom à l'étoffe de coton appelée *calicot*; — *Goa* , située dans une île, sur la côte de *Malabar*, avec un bon port et plusieurs forts; ancienne capitale des possessions portugaises, prise, en 1510, par Albuquerque, célèbre capitaine d'Emmanuel le Fortuné, roi de Portugal; — *Bombay* (800,000 hab.), près de la côte, importante par son commerce : sa baie, fort commode, peut contenir mille vaisseaux; elle a en outre un port excellent, mais l'air y est malsain. Bombay est le séjour principal des Parsis ou adorateurs du feu.

Je vois *Surate* (100,000 hab.), sur le Tapty, à l'entrée du *golfe de Cambaye* et à 16 kilomètres de la mer, autrefois la ville la plus commerçante de toute l'Asie:

on y voyait des marchands de toutes les nations; il y a deux hôpitaux pour les animaux; — *Cambaye* (90,000 hab.), port, au fond du golfe du même nom.

Je côtoie la presqu'île de *Guzerate*, et j'arrive à l'embouchure de l'*Indus* ou Sind, qui a donné son nom à l'Inde.

Je longe le Bélouchistan (Gédrosie), pays généralement stérile, dont la capitale est *Kélat*, et dont la partie occidentale appartient à la Perse. J'entre dans le *golfe Persique*, à l'entrée duquel se trouve l'île *Kichmis*, et à l'ouest, l'île *Bahrein*, importante pour la pêche des perles.

Je longe ensuite la Perse, pays qui jouit d'un climat doux et agréable, et dont le sol, fertile en certains endroits, présente, dans d'autres, de vastes plaines sablonneuses et de hautes montagnes arides: la capitale est *Téhéran*, dans les terres. La chaleur est si grande dans cette ville, que des 120,000 habitants qu'elle renferme en hiver, il en reste à peine 50,000 en été. La cour, pendant toute cette saison, va camper dans la plaine de *Sultanieh*.

Je vois, au fond du golfe Persique, l'embouchure du *Chatt-el-Arab*, formé par la réunion de l'*Euphrate* et du *Tigre*, qui arrosent la Turquie d'Asie, et sur les rives duquel est le port de *Bassorah*.

Je longe les côtes de l'Arabie, qui, ainsi que l'Afrique, présente au centre un désert immense, parsemé de quelques oasis. Sur les bords de la mer se trouvent cependant quelques provinces florissantes. Ce pays est habité par les *Arabes Bédouins*, qui n'ont point de demeure fixe.

Je quitte le golfe Persique; je remarque le port de *Mascate* (50,000 hab.), le plus commerçant de l'Arabie;

je double le cap *Ras-al-gat* ; et, longeant les côtes méridionales de l'Arabie, j'arrive jusqu'au détroit de *Bab-el-Mandeb*, à l'entrée duquel se trouve la petite île de *Perim*, qui appartient aux Anglais, ainsi que la ville d'*Aden* (50,000 hab.), sur la côte arabe du détroit.

AFRIQUE.

Iles occidentales. — Partie méridionale.

Sortant du golfe d'*Aden*, je double le cap *Guardafui*, en laissant à ma droite l'île de *Socotora*, qui appartient aux Anglais et est habitée par des Arabes : aride et pierreuse elle fournit le meilleur aloès que l'on connaisse ; le corail y est si commun qu'on en construit des maisons.

Je longe successivement les côtes d'*Adel* et d'*Ajan*, qui ne présentent aucun intérêt ; puis celle de *Zanguebar*, dépendant de la sultanie de *Zanzibar*, dont la capitale est une ville de 30,000 habitants, dans une île du même nom. Je fais voile ensuite vers l'est ; et, après avoir passé la ligne, je trouve les îles *Seychelles*, dont les principales sont l'île de *Mahé* et celle des *Palmiers*, aux Anglais : elles sont petites et entourées d'îlots et d'écueils ; la dernière produit une espèce de palmier, dont on nomme le fruit *noix maldive* ou *coco de mer*.

L'île de *Madagascar* est séparée de l'Afrique par le *canal de Mozambique;* ses habitants se nomment *Madécasses*. Les hautes montagnes, les précipices, les cataractes, les immenses forêts dont cette île est entrecoupée, lui donnent un aspect pittoresque et varié ; les côtes sont généralement marécageuses et couvertes de bois. L'île produit des minéraux et des bois précieux, le sandal, l'ébénier; et parmi les animaux, le zèbre ou bœuf à bosse, et l'aï ou paresseux.

Je porte à l'est, et je vois les îles *Mascareignes*. Les principales sont : l'*île de France*, appartenant aujourd'hui aux Anglais, qui l'appellent *Maurice*, et dont *Port-Louis* est le chef-lieu; — l'île de *la Réunion*, appartenant à la France : *Saint-Denis* en est le chef-lieu. On y récolte une grande quantité de sucre et du café estimé. Le climat de cette île est très-sain; le littoral est d'une grande fertilité ; mais elle est exposée à de violents ouragans, et l'intérieur est couvert de montagnes volcaniques, coupées de ravins et d'affreux précipices : le pic le plus élevé, appellé le *Piton des Neiges*, s'est écroulé en partie, en 1875, en occasionnant d'affreux désastres.

Je passe le tropique du Capricorne, et je reviens à l'île de Madagascar. Je double le cap *Sainte-Marie*, à l'extrémité méridionale de l'île, près de *Fort-Dauphin*, ancien établissement français. Je traverse le canal de Mozambique, pour aller reconnaître l'embouchure du *Zambèze*, dont le cours a été l'un des principaux théâtres des expéditions du célèbre voyageur anglais Livingstone. Je porte au sud ; et, longeant la colonie portugaise de *Mozambique*, et la colonie anglaise de *Port-Natal*, j'atteins la côte orientale de la *Colonie du Cap*. Le nord de cette contrée est couvert de plateaux stériles, mêlés de glaise et de pierres ; mais les vallées sont très-fertiles. On y découvre de riches mines de diamants. Je côtoie le sud de la colonie ; je double le cap des Aiguilles, et j'aborde à la ville du *Cap* (40,000 hab.), chef-lieu de la colonie, sur la *baie de la Table*. Cette baie, qui tire son nom d'une montagne au sommet aplati, est formée par un promontoire que termine au sud le *cap de Bonne-Espérance*, dont j'ai déjà parlé. C'était, avant l'ouverture du canal de Suez, le point de relâche de tous les navires allant aux Indes. Son importance, un peu diminuée, est cependant très-grande encore. La colonie du Cap, fondée par les Hollandais en 1600, leur a été enlevée par les Anglais en 1806.

Au Cap, mon tour du monde est terminé, et je fais voile directement sur l'Europe, à travers l'Atlantique.

TRAVAIL A FAIRE.

1° Carte du pays étudié, au milieu du tableau.
2° Tableau.

- 1re colonne. — Pays.
- 2e colonne. — Étendue.
- 3e colonne. — Population.
- 4e colonne. — Capitale.
- 5e colonne. — Villes principales.
- 6e colonne. — Animaux, végétaux, minéraux.
- 7e colonne. — Observations et détails historiques sur le pays.

VI

PRINCIPALES GRANDES LIGNES DE NAVIGATION A VAPEUR

ENTRE LES DIVERSES PARTIES DU MONDE

ENTRE L'EUROPE ET L'AMÉRIQUE

1° Ligne du Havre à New-York, par Plymouth, trajet en 11 jours (1).

Cette ligne correspond, par le chemin de fer *Central-Pacific* de New-York à San-Francisco (trajet en 5 jours), avec les bateaux partant de cette ville pour le Japon ou pour Valparaiso, en desservant toute la côte occidentale d'Amérique.

2° Ligne de Saint-Nazaire à Aspinwall ou Colon, trajet en 21 jours, en passant par Saint-Thomas, Fort-de-France, La Guayra et Sainte-Marthe; une ligne annexe part de Fort-de-France pour Cayenne, en passant par Sainte-Lucie, Demerari et Paramaribo. Cette ligne correspond par le chemin de fer de Panama avec les bateaux de la côte occidentale de l'Amérique.

3° Ligne de Saint-Nazaire à la Vera-Cruz, trajet en 25 jours, en passant par Santander, Saint-Thomas et la Havane, avec correspondance à Saint-Thomas pour la Nouvelle-Orléans, et pour Saint-Jean-de-Nicaragua.

4° Lignes de Southampton et de Liverpool, lignes de

(1) Le temps indiqué pour les trajets ne doit être considéré que comme approximatif.

Hambourg et de Brême, pour les mêmes ports et tous ceux des Antilles et du golfe du Mexique.

5° Lignes de Liverpool et de Glasgow pour le Canada, desservant Halifax, Terre-Neuve, Portland et Québec.

6° Ligne de Bordeaux à Buenos-Ayres, trajet en 25 jours, en passant par Lisbonne, Dakar, Pernambouc, Bahia, Rio de Janeiro et Montevideo.

7° Ligne de Marseille à Buenos-Ayres, touchant à Gibraltar, Rio de Janeiro et Montevideo.

8° Ligne de Liverpool à Callao (Pérou), touchant à Rio de Janeiro, à Montevideo et à Buenos-Ayres, doublant le cap Horn et desservant Valparaiso.

ENTRE L'EUROPE ET L'AFRIQUE.

1° Ligne de Marseille à Alger en 2 jours.

2° Ligne de Marseille à Oran, en touchant à Carthagène, trajet en 2 jours 1/2.

3° Ligne de Marseille à Tunis, trajet en 4 jours, en passant par Ajaccio, Bône et La Calle.

4° Ligne d'Égypte, trajet en sept jours, de Marseille à Alexandrie, en touchant à Messine.

5° Ligne de Syrie et d'Égypte, trajet en 17 jours, de Marseille à Alexandrie, en passant par Palerme, Messine, Syra, Smyrne, Rhodes, Mersina, Alexandrette, Latakieh, Tripoli, Beyrouth, Jaffa, Port-Saïd.

6° Ligne de Marseille à La Réunion et à Maurice, desservant Port-Saïd, Suez, Aden et Mahé.

7° Ligne de Liverpool à Saint-Paul de Loanda, trajet en 36 jours, en passant par Lisbonne, Madère, Ténériffe, Sainte-Marie de Bathurst, Sierra-Leone, Lagos, Bonny, Fernando-Po, le Gabon et le Congo.

8° Ligne du cap de Bonne-Espérance, trajet de Southampton ou de Plymouth au Cap, en 30 jours, en passant par l'Ascension et Sainte-Hélène.

Cette ligne a une correspondance avec l'île Maurice, en touchant à Port-Elisabeth et à Port-Natal, trajet du Cap à Maurice en 16 jours.

ENTRE L'EUROPE ET L'ASIE.

1° Ligne de Marseille à Trébizonde, par Constantinople, Samsoun et Cerasonte.

2° Ligne de Marseille à Shang-haï, trajet en 45 jours, en passant par Port-Saïd, Suez, Aden, Pointe-de-Galles (Ceylan), Singapore, Saïgon et Hong-Kong.

Cette ligne a des embranchements : de Pointe-de-Galles à Calcutta, par Pondichéry et Madras ; de Hong-Kong sur Yokohama.

ENTRE L'EUROPE ET L'OCÉANIE.

Plusieurs lignes s'embranchent sur la précédente : l'une au départ de Pointe-de-Galles aboutit à Sydney, après avoir touché à Melbourne ; une autre va de Singapore à Batavia et à Sydney ; une troisième de Shang-haï à Manille.

ENTRE L'AMÉRIQUE ET L'ASIE.

Ligne de San-Francisco à Yokohama, trajet en 25 jours, en touchant aux îles Sandwich.

ENTRE L'AMÉRIQUE ET L'OCÉANIE.

Ligne de Panama à Sydney, trajet en 35 jours, en touchant à la Nouvelle-Zélande.

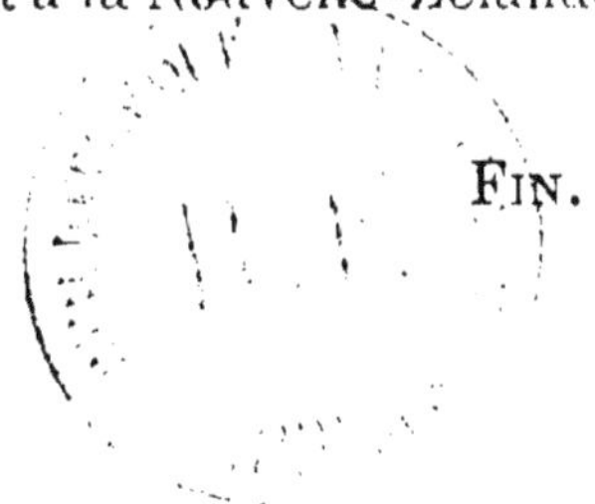

FIN.

TABLE DES MATIÈRES

Versailles. — Imp. Cerf et Fils, 59, rue du Plessis.

OUVRAGES DE M. LÉVI ALVARÈS PÈRE

HISTOIRE

Nouveaux éléments d'Histoire générale, rédigés sur un plan méthodique et entièrement neuf, ouvrage propre à faciliter l'enseignement et l'étude des principaux événements depuis la Création jusqu'à nos jours. 1 vol. gr. in-18. 4 50

Esquisses historiques, ou Cours méthodique d'histoire, composé sur un plan nouveau. 1 vol. gr. in-18........................ 3 »

Manuel historique des peuples anciens et modernes, à l'usage de l'enseignement primaire, élémentaire et secondaire. 1 vol. gr. in-18. 1 70

Tableau synoptique de l'échelle des peuples, d'après le *Manuel historique*. 1 50

Recueil de tableaux historiques, 12 tableaux (chaque tableau 40 c.) petit in-folio....... 5 »

Enigmes historiques, ou petit Musée Classique. 1 vol. gr. in-18.................. 1 70

Histoire universelle. Explication des Enigmes historiques, p. Mlle Gombault. 1 v. g. in-18. 3 50

Histoire classique des reines de France. 1 vol. gr. in-18........................ 3 »

Abrégé méthodique de l'Histoire de France, rédigé d'après les leçons et la méthode de M. Lévi, par Mlle Gombault; nouvelle édition, revue et considérablement augmentée, par M. Lévi. 1 vol. gr. in-18........... 4 50

Questionnaire d'Histoire de France. » 90

GÉOGRAPHIE

Abrégé méthodique de géographie générale, ou Etudes géographiques. 1 volume grand in-18................................ 3 »

Le Tour du Monde, ou Premières études géographiques par voyages. Gr. in-18....... 2 »

Tableau géographique de la France. Une grande feuille........................... » 60

Questionnaire géographique........ » 80

LANGUE FRANÇAISE

Grammaire normale des Examens, ou Solutions raisonnées de toutes les questions sur la grammaire française, proposées dans les examens de toutes les académies de France, par MM. Lévi et Rivail. 1 vol. gr. in-18.... 3 »

Dictées normales des Examens, recueillies et choisies dans les examens de la Sorbonne, de l'Hôtel de Ville de Paris, etc., avec des notes grammaticales, étymologiques, historiques et anecdotiques sur l'origine et l'orthographe d'un grand nombre de mots, par les mêmes. 1 vol. gr. in-18.......................... 2 50

Le Nomenclateur orthographique. Premiers exercices d'orthographe. Gr. in-18. 2 50

Les Omnibus du langage. 1 volume grand in-18...................................... 2 »

Questionnaire grammatical et littéraire. Grand in-18...................................... 2 50

LITTÉRATURE

Esquisses littéraires. Précis méthodiques des littératures europ. et orientales. Gr. in-18. 4 50

Précis méthodique de la littérature française (extr. des Esquisses littér.). Gr. in-18... 1 70

Nouvelle Mnémosyne classique. In-18. 2 »

PHYSIQUE, ETC.

Les Pourquoi et les Parce que, ou la Physique popularisée. 1 volume grand in-18, avec fig.. 2 50

Cosmographie racontée à l'enfance. » 80

Abrégé méthodique des sciences exactes et naturelles. 1 vol. gr. in-18....... 2 50

Grands tableaux d'Histoire naturelle (3 tableaux, 6 grandes feuilles). Chacun.... 5 »

Manuel de la Méthode de M. Lévi. In-8. 1

OUVRAGES DE M. THÉODORE LÉVI ALVARÈS

Les premières notions sur toutes choses; ou Sujets de causeries avec les enfants sur l'histoire naturelle, l'industrie, la cosmographie, la physique. Gr. in-18..................... 1 70

Les Entretiens de l'enfance, ou Simples réponses aux questions des petits enfants sur les animaux, les plantes, les arts et mét. Gr. in-18. » 65

Les premières leçons de Grammaire, renfermant : 1° la théorie grammaticale mise à la portée des enfants; 2° des observations servant à éclairer et à développer le texte; 3° un questionnaire complet; 4° des exercices gradués et de nombreux exemples aidant à l'application des principes. Gr. in-18.................. 1 20

Grammaire des petits enfants. In-18. » 25

Les Dictées quotidiennes, ou Recueil de fragments extraits des auteurs classiques, donnant le texte d'une dictée par jour pendant la durée de l'année scolaire. Gr. in-18..... 1 20

Premières leçons de Géographie... 1 »

Petit Musée mythologique, ou les Fables et les Métamorphoses de la mythologie grecque et romaine, présentées en tableaux. Grand in-18...................................... 1 20

Nouveau Mémorial littéraire. Recueil de morceaux de prose et de vers, choisis dans les meilleurs auteurs.

1re *Partie*: Texte, Questionnaire et exercices. Gr. in-18.......................... 1 70

2e *Partie*: Explication. Gr. in-18.... 1 »

Tableau synchronique de l'histoire ancienne, du moyen âge et moderne, pour étudier avec fruit les *Histoires racontées* par M. Lamé Fleury. Une feuille demi-couronne.......................... » 40

Nouveau tableau généalogique et historique des dynasties qui ont régné sur la France et de leurs branches latérales, par Fédor Thoman. Deux feuilles jésus, coloriées................ 2 »

Paris. — Typ. Pillet fils aîné, 5 rue de Grands-Augustins.

www.ingramcontent.com/pod-product-compliance
Ingram Content Group UK Ltd.
Pitfield, Milton Keynes, MK11 3LW, UK
UKHW021139260726
13994UKWH00001B/212

9 782329 439259